Dorit Stövhase-Klaunig

Ins Herz der Weiblichkeit

Dorit Stövhase-Klaunig

Ins Herz der Weiblichkeit

Wandlungen mit der Mondin und den Elementen

Bücher haben feste Preise.
1. Auflage 2016

Dorit Stövhase-Klaunig
Ins Herz der Weiblichkeit

Titelseite:
Foto: Krivosheev Vitaly/shutterstock.com
Gestaltung: Dragon Design, Elbe

Satz und Gestaltung:
Dragon Design, Elbe
Gesetzt aus der Minion

Gesamtherstellung: Appel & Klinger, Schneckenlohe
Printed in Germany

ISBN 978-3-89060-685-9

Neue Erde GmbH
Cecilienstr. 29 · 66111 Saarbrücken
Deutschland · Planet Erde
www.neue-erde.de

Inhalt

Der Geist der Quelle stirbt nie.
Er heißt das Geheimnisvoll Weibliche.
Die Pforte des Geheimnisvoll Weiblichen
Ist die Wurzel von Himmel und Erde.
Zart, zart ist es, kaum sichtbar.
Berühr es, es wird nie austrocknen.
LAOZI, *DAODEJING*[1]

Vorwort

Wie zeigt sich jener innere Schatz, der in einem längeren Prozess von Wachstums- und Wandlungsvorgängen im Innern gereift ist? Es ist wie bei der Entstehung des edelsten Metalls, das in zahlreichen Veredlungsprozessen als wertvollster Schatz aus sich selbst heraus entstanden ist und von sich aus nach außen strahlt. Es ist der lebendig und sichtbar gewordene Schatz einer Verwandlung. Wie Gold strahlt er als vollendete Energiequalität glanzvoll und königlich zu allen Seiten. Dieses Strahlen wird sichtbar und spürbar als liebevolle und herzliche Ausstrahlung, als reine und klar leuchtende und spürbare Energiequalität eines Wesens. Sie wird spürbar im täglichen liebevollen und ehrlichen Tun, in der sinnlichen Wahrnehmungsfähigkeit der eigenen körperlichen, emotionalen und mentalen Lebendigkeit, in der liebevollen und aufrichtigen Beziehung zum Partner, den gemeinsamen Kindern sowie den Eltern und in den Beziehungen zu jenen Menschen, Tieren und Pflanzen, die mit dieser Atmosphäre des liebevollen Tuns in Verbindung sind.

Es ist eine Atmosphäre, die Wachstum und Wandlung eines jeden möglich macht und sogar unterstützt und nährt. So berührt es mich zutiefst, wenn ich andere Menschen erlebe, die sich in ihrer natürlichen Weise authentisch zum Ausdruck bringen und in ihrem natürlichen Dasein erfolgreich triumphieren. Ich bin ebenso innerlich zutiefst ergriffen, wenn ich Kinder wahrnehme, die ihr authentisches Sein über ihren Körper selbstlos sichtbar machen. Tief berührt bin ich von der Schönheit und der Reinheit der unberührten Natur und ihren lebendigen Wesen. In diesen Momenten erlebe ich in mir natürliche Leidenschaft, Wohlgefühl, Glückseligkeit und eine tiefe innige Liebe zu meinem körperlichen Dasein. Was ist das, was mich immer wieder zutiefst berührt?

Es ist zum einen das allumfassend Ergriffensein von der Möglichkeit, die Schöpfungskraft so vielfältig in je eigenen Körperformen sichtbar zu machen. Und es ist zum anderen das Sichtbarwerden von Freude und Lust, in dieser jeweiligen Körperform zu Hause zu sein und das Körperhaus bedingungslos anzunehmen und zu lieben und das Beste aus sich selbst heraus zu zeigen. Dieses sichtbare Triumphieren ist das Ergebnis einer bedingungslosen Liebe für das eigene Dasein. Gemeint ist eine Liebe, die als Ergebnis von vielen wandelnden und wachsenden Prozessen aus sich selbst heraus gewachsen ist. Gemeint sind jene Prozesse, die während des Hinabsteigens in die eigenen Tiefen, im Sterben der alten Persönlichkeit und im Wiedergeborenwerden leiblich durchlebt werden. Mit diesen selbst erfahrenen und leiblich gelebten Wandlungsprozessen ist das Vertrauen in die eigene Tiefe wiederzugewinnen und damit das Selbstvertrauen in die eigene sinnliche Wahrnehmungsfähigkeit zu nähren. Mit dieser wiedergewonnenen Fähigkeit ist aber auch ein intensives Gefühlsleben zu leben und eine natürliche und echte Lebendigkeit zum Ausdruck zu bringen, das heißt verspielt, eigenwillig, ungezähmt und zudem noch unabhängig und frei in der Partnerschaft zu sein, den eigenen Körper dabei singend zu feiern und die Bedürfnisse und die Wünsche des eigenen Herzens selbstbewusst anzuschauen und ehrgeizig und diszipliniert zu befriedigen und durchzusetzen und in ganzer Konsequenz und mit allen sich daraus ergebenden Folgen sich selbst liebevoll zu begegnen.

So strahlt aus dir selbst heraus ein liebevolles und herzliches Feld in das umgebende Netz der energetischen Verbindungen. Über dieses energetische Netz sprühen die Funken der Leidenschaft und der Liebe in die Herzen der Menschen, mit denen du in Verbindung bist. Die anderen können von der ausstrahlenden Wärme des leidenschaftlichen Feuers berührt werden, so dass ein zündender Funke überspringt; und mit den Funken auch ein Mitbegeistern und Entfachen von sinnlicher Leidenschaft, herzlicher Wärme sowie Freude und Lust am Körper und seinen Ausdrucksmöglichkeiten, so dass ein eigenes Feld beziehungsweise ein eigenes Netzwerk in Liebe entstehen kann.

Es ist das geduldige Weben eines goldenen Fadens, solange bis ein eigenes Kunstwerk entsteht, das groß genug und reif dafür ist, sich zu zeigen. Und jedes Sichtbarmachen im Außen ist auch ein Loslassen im Inneren; ein Geborenwerden aus der eigenen Tiefe, um etwas Nachhaltiges und Großartiges der Erde und ihren Menschenkindern zu hinterlassen. Es sind die sichtbaren goldenen Früchte, die im Laufe eines langen Veredlungsprozesses entstanden sind.

1
Ein Wiedererinnern weiblicher Schätze

Schon seit langer Zeit wird die Erde als Lebewesen missachtet und benutzt – und ganz besonders heute. Der Mensch beutet die Ressourcen der Natur zu seinen Gunsten aus und bedient sich ihrer wie ein Parasit. Er bekämpft andere Naturwesen, grenzt sie aus, manipuliert sie und fügt ihnen Schmerzen zu, die von den Naturwesen bisher erduldet wurden. Werden diese von Menschen verursachten Schmerzen jedoch immer intensiver, führt das zu Konsequenzen, die der Erde und ihren Lebewesen ein weiteres gemeinsames Überleben unmöglich machen. Bereits jetzt erleben wir Klimaveränderungen größeren Ausmaßes, heftige Stürme, Hitzeperioden, Erdbeben, Vulkanausbrüche, stärkere Überschwemmungen und Hochwasser, keine verlässlichen Wetterprognosen... Viele Tierarten haben die Erde bereits verlassen, andere bereiten sich auf ihren Weg nach Hause vor. Die Erde ist in einem Prozess der Reinigung und des Ausgleichs verschiedener Energiequalitäten. Dabei reiben sich verschiedene Qualitäten aneinander, um sich energetisch auszubalancieren.

Aber genauso wie die Natur und ihre Lebewesen missachtet wurden, hat auch die Frau ihre eigene wahrhaftige Natur missachtet. Auch sie hat ihre Ursprünglichkeit verleugnet, hat innere Lebensräume ausgegrenzt, hat sich manipulieren lassen, bis der seelische Schmerz unerträglich wurde und sie es nicht mehr aushalten konnte. Der Körper der Erde und sein Wasser sowie die Körper der Frauen und ihr Blut sind schon lange verschmutzt und krank. Als lebende Wesen tragen sie bereits unglaublich viele alte Wunden und Verletzungen tief in ihrem Inneren. Zudem können viele weibliche Körper der ungefilterten Flut von neuen Informationen und Einflüssen nicht mehr standhalten und verirren sich auf ihren Wegen. Und gerade vielen energetisch hochsensiblen Frauen, die sich ihrer Qualitäten nicht bewusst sind, fehlt oft die Wertschätzung und das Annehmen ihrer feinen Wahrnehmungsfähigkeiten und das Vertrauen in sie.

Diesen Frauen fehlen Möglichkeiten und Methoden, welche die Wertschätzung ihrer Wahrnehmung und das Vertrauen in sie unterstützen. Zur Folge hat das, dass sich verschiedene Energiequalitäten vermischen und ein Auf und Ab in ihren Gefühlslagen spürbar wird, was wiederum das soziale Miteinander erschwert. Das energetisch Aufgestaute, Mitschwingende und Gefühlte wird krampfhaft festgehalten, lagert sich im Innern des Körpers ab und verunreinigt den weiblichen Leib, so dass die Energieleitbahnen immer weniger durchlässig werden und innere destruktive Prozesse immer mehr zunehmen. Der Körper wird zu einer Deponie von alten gespeicherten und neu aufgenommenen manipulierenden Informationen. Viele umfassende systemische Krankheitsbilder vieler junger Frauen wie Burnout, Depression, Krebs und Autoimmunerkrankungen zeigen dieses umfassende Erscheinungsbild bereits sehr deutlich.

Das Rufen nach Reinigung und Genesung wird deshalb immer lauter und dringender. Befreit und reinigt sich die Frau von ihren seelischen Verletzungen und körperlichen Wunden, findet sie zurück zu ihrer Wahrhaftigkeit, zu ihrer Natürlichkeit und ihrer Lebendigkeit. Begleitend dazu wird sie sich ihrer Wahrnehmungen, ihrer Empfindungen und ihres Spürens wieder bewusst. Sich selbst wahrnehmend, entdeckt die Frau in sich ihre schöpferische Kraft wieder, kann sie aus ihren Tiefen entfalten und über ihren Körper zum Ausdruck bringen. Sie gebärt Lebendiges und Schöpferisches aus sich selbst heraus, wenn sie mit sich selbst liebevoll verbunden ist.

Diese liebevolle Verbindung mit sich selbst strahlt als Energiequalität in das umgebende Feld der Frau und schafft liebevolle Verbindungen zu anderen Menschen wie zu allen Naturwesen. In liebevoller Verbindung werden damit auch die Lebensräume anderer Wesen geachtet und respektiert, ihr Dasein wertgeschätzt und anerkannt, so dass ein achtsames Miteinander entstehen kann.

Eine Frau, die sich aus sich selbst heraus befreit und zu ihrer wahren Natur zurückkehrt, befreit nicht nur sich selbst, sondern kann Medizin für alle natürlichen und sich selbstregulierenden Lebensräume,

Prozesse und Lebewesen unserer Erde sein. Wird die Frau sich ihrer eigenen Wesensnatur bewusst, kann auch wieder ein Bewusstsein für alle natürlichen Prozesse der Erde entstehen. Die Frau erfährt dabei selbsterforschend, dass alles, was Leben schenkt und Zellen und Moleküle gebiert, Energie ist. Diese Energie ist der Baustoff aller Elemente, von den Bestandteilen der Materie bis zu den »Bausteinen« von Vernunft und Gefühl. Der ganze Mensch ist Energie »...und wir sind ein getreues Abbild dieser kosmischen, intelligenten Energie, jenes kosmischen Bewusstseins, das der Maya als ›vibrierendes Sein‹ bezeichnete«,[2] so Hunbatz Men, ein weiser Maya-Abkömmling.

Ich möchte die Frau darin bestärken, den oft schwierigen Weg zu ihrem »vibrierenden Sein« nicht aufzugeben, sondern ihrem inneren Wissen und ihrer Weisheit zu vertrauen und den Mut zu haben, dieses verborgene Wissen aus ihren Tiefen hochzuholen, auszusprechen und es hier auf der Erde authentisch zu leben. Authentisch zu leben heißt, endlich aus dem Dämmerschlaf aufzuwachen und ein Gewahrsein für die natürlichen Prozesse in den eigenen inneren und in den äußeren Landschaften zu wecken, mitzuschwingen, verbunden zu sein und zu fühlen sowie die Bedürftigkeit des Egos loszulassen. Nur dann kann die Frau im eigenen Erwachen Medizin für die Erde sein. Dieses Erwachen der Frau schenkt der Frau und der Erde ein höheres Bewusstsein. Mit dieser Bewusstheit und der wiederentdeckten Gabe, das heilige Schöpfungslicht und die Seele eines jeden Wesens wahrzunehmen, kann sie wirkliche Heilungen bewirken und nicht nur Symptome beseitigen. Diesen Weg ermöglichen und begleiten tiefe Reinigungs- und Bewusstwerdungsprozesse.

2
Ein Weg der Reinigung und Bewusstwerdung

Das abgetrennte und vergessene innere Wissen

Der Prozess der Reinigung und Bewusstwerdung ist ein Weg in die Vergangenheit. Jahrhundertelange Manipulationen, das Unterdrücken und Verfälschen von Wissen sowie die Schaffung künstlicher Strukturen haben dazu beigetragen, das Wahrhaftige zu verdrängen. Es ist Verdrängtes, das jedoch im Mikrokosmos spürbar ist und im Makrokosmos existiert. Nicht-Gesehenes und Verdrängtes hat die Eigenschaft, innen wie außen lauter und unruhiger zu werden, um auf sich aufmerksam zu machen, immer mit dem Wunsch, dazuzugehören und integriert zu werden. Wenn die Frau zu ihrer wahren Natur zurückkehrt und wieder leiblich spürt, fühlt, beobachtet und mitschwingt, erfährt sie am eigenen Leib, was einer natürlichen Ordnung von Energien und Wesen im Universum entspricht. Sie nimmt mit ihrem Körper energetisch wahr, wo etwas ausgegrenzt und unausgesprochen geblieben ist. Um diese Fähigkeit wiederzuerlangen, sind Reinigungs- und Bewusstwerdungsprozesse erforderlich. Reinigungs- und Bewusstwerdungsprozesse wecken Erinnerungen aus den im Körper »einverleibten« Erfahrungen. Das sind zunächst wiederkehrende Erinnerungen und innere Bilder aus der eigenen Lebensgeschichte, Erinnerungen aus dem System der Herkunftsfamilie und schließlich Erinnerungen an den Seelenweg. Je tiefer wir loslassen und reinigen, desto mehr erfahren wir die intuitiven und wahrnehmenden Fähigkeiten am eigenen Leib. Wir erfahren ein Fließen und Verbundensein mit der eigenen Körperlandschaft und den Körperlandschaften der anderen, ein Miteinander-verbunden-Sein auf energetischer Ebene, das sich auf die Natur und ihre Wesen ausdehnt.

In diesen Momenten des Miteinander-verbunden-Seins steigen innere Impulse, Bilder und Gedankenanstöße ins Bewusstsein auf, die die Frau zu einer weiteren Erkenntnis ihres Seelenweges bringen. Wenn sie bereit ist, kann sie diese Erkenntnis zulassen und damit ein weiteres »Puzzleteil« in das Selbstbild integrieren. Es öffnet sich ein von der Natur geführter Weg, der zur eigenen Natur zurückführt.

Auf diesem Weg zurück nähert sich die Frau einem tief verborgenen und lange geheim gehaltenen Wissen, es ist das geheime Wissen der inneren weiblichen Schätze. Die Mayaweisen gingen davon aus, dass die Menschen mit jeder Erscheinungsform und mit der Natur eins sind. »Sie öffneten sich dem Mikrokosmos des Atoms ebenso wie dem Makrokosmos des Unendlichen und besaßen das spirituell hochentwickelte Konzept der Vielfalt innerhalb der Einheit und der Einheit innerhalb der Vielfalt. Aus dieser Sicht heraus erschien es den Maya nur logisch, dass die ›Götter‹ (oder Naturkräfte), die Menschen und die Zahlen ein und dasselbe waren – und damit alle Ausdrucksformen von Hunab K'u, dem Architekten oder Schöpfer des Universums. Diese Gottheit, diese höchste Energie, von der alle Dinge in der Natur lediglich Manifestationen sind, wurde ›Geber der Bewegung und Geber des Maßes‹ genannt, weil es keine Bewegung geben kann, die nicht auch ein Maß besitzt.«[3]

Diese Göttlichkeit zunächst in sich selbst und schließlich in der Gesamtheit der Manifestationen wiederzuentdecken, ist ein großer Bewusstwerdungsprozess. Die Maya nannten diesen Bewusstwerdungsprozess den Bolon-Ti-Ku, das heißt die ***9 Gedächtnisschichten*** von Mutter Erde, die einen engen Bezug zu unseren eigenen Gedächtnisspeichern haben. Dieser Bewusstwerdungs- und Reinigungsprozess beginnt zunächst auf der bewusst erlebten körperlichen, emotionalen und mentalen Ebene, als *erste Schicht* des weiblichen Körpers, um den Leib zunächst von schädlichen Beziehungen, auslaugenden Verbindungen, falschen Erwartungen, Ungerechtigkeiten und Missklängen zu befreien.

Anschließend erfolgt die Reinigung der unbewussten *zweiten Schicht*, die alle Informationen und Erfahrungen über Zeugung, Schwangerschaft, Geburt und die ersten sieben Lebensjahre enthält. In der *dritten*

Schicht erfolgt die Reinigung der tradierten Vorstellungen und Lebensbedingungen und der daraus gewachsenen Glaubensmuster aus der Herkunftsfamilie, von den Vorfahren und deren Kultur, die in den genetischen Code jeder Körperzelle eingespeichert sind.

Die Reinigungsarbeit wird in der *vierten Schicht* mit den Erinnerungen des Seelenweges fortgesetzt, um Verirrungen und Blockaden von Seelenanteilen aus früheren Inkarnationen im Energiefeld zu lösen, bis Erinnerungen an die erste Inkarnation und damit den Verlust des Paradieses in der *fünften Schicht* kommen. Es ist die Erinnerung an jene Zeit, als wir die Einheit verloren haben und in eine Welt voller Schmerz und Schwierigkeiten gefallen sind und in die Vorstellung von »Leiden-Müssen«, um zu überleben.

Die Erinnerungen gehen mit jeder Reinigung weiter und lassen die Frau in der *sechsten Schicht* sich daran erinnern, mit den Sternenwesen verbunden zu sein und aus freier Entscheidung den Weg auf die Erde gewählt zu haben, um einem bestimmten Auftrag hier gerechtzuwerden und als Stern auf der Erde zu strahlen. Die weiteren Erinnerungen gehen mit der *siebenten Schicht* in das Energiefeld der Erde, mit dem Ziel, dass die Erde sich von allen Bindungen an die Zeit ihrer Zerstörung befreit, die sich stark vergiftend auf die Gewässer, Pflanzen und Tiere und die Umwelt im allgemeinen auswirkten. Es handelt sich um das Befreien von »vergifteten« Gefühls- und Gedankenmustern und körperlichen Schadstoffen, die Mutter Erde verletzt haben, um ihr mit der Befreiung wieder die Fähigkeit zur Selbsterneuerung zu geben.

Dieser Reinigungsprozess geht mit der *achten Schicht* bis in die Geburtsstunden der Erde, als sie vom Energiefeld des Lebens und der Sonnensubstanz in einem Schöpfungsakt der Liebe erschaffen wurde und damit den kosmischen Ursprung unserer eigenen Menschwerdung gelegt hat. Das bedeutet, dass der Mensch als Kind aus der liebevollen energetischen Verbindung von Vater Sonne und Mutter Erde hervorgegangen ist.

Die tiefste Reinigungs- und Bewusstwerdungsschicht in der *neunten Schicht* ist das Erinnern des göttlichen Geistes von Mutter Erde als unendliche Schönheit, als reinste Liebe in der Göttin Mutter Erde.

Nach der Betrachtung der Entstehung der Erde und des Menschen im Laufe der Zeit sind es zunächst die Erinnerungen an das *Atlantische Zeitalter* (von ca. 500.000 bis ca. 8.500 v. Chr.) mit der Herausbildung des denkenden individuellen Ichs, an das *Lemurische Zeitalter* (von vor ca. 700.000 bis 500.000 Jahren) mit der Vorbereitung des Blutes zur Aufnahme des Ichs, das *Hyperboräische Zeitalter* (von vor ca. 30 Mio. bis 700.000 Jahren) mit dem angeblichen »Sündenfall« und der Reduzierung der magischen Kräfte, an das *Polare Zeitalter* (von vor ca. 40 bis 30 Mio. Jahren) als erstes Zeitalter der Polarität mit der Erschaffung des Mannes und schließlich das *Vergessene Zeitalter der göttlichen Weiblichkeit* (vor ca. 50 Mio. Jahren) das Einssein mit Gott.[4]

Reinigen wir diese Schichten in der Frau, gelangen wir zur heiligen weiblichen Kraft, die in der Frau, in der Göttin und der Großen Mutter ist,[5] in eine Verbindung, die Heilung für die Menschheit und für die Erde möglich machen kann.

Die Verbindung zum Abgetrennten

Wahre Heilung geschieht in tiefer, liebevoller Verbundenheit mit sich selbst und den Kräften der Natur. Wie kann Heilung geschehen, wenn innere oder äußere Räume oder Lebewesen ausgegrenzt, abgetrennt, unterdrückt, bekämpft oder abgespalten werden? Wie kann die Frau ihr volles Potential aus ihrer Mitte heraus entfalten, wenn sie etwas derartig tief Unterdrücktes und Abgespaltenes in sich und der Geschichte der Menschheit wahrnimmt? Wenn sie spürt, dass ein ganzes System künstlich errichteter Systeme die natürlichen und schöpferischen Heilungs- und Regenerationsprozesse manipuliert und altes Wissen verleugnet wird? Und was hätte es für Folgen, dieses verborgene Wissen hochzuholen und authentisch zu leben?

Ich möchte einige wichtige Details aus dem alten Wissen der Maya beleuchten, um weitere Puzzleteile zu finden, die den Prozess der Bewusstwerdung der Frau und der Erde unterstützen. In besonderer Hinsicht denke ich dabei jedoch an die heilenden intuitiven weiblichen Fähigkeiten, um über diese schöpferische Kraft auch dem Lebewesen

Erde helfen zu können. Ich lehne mich dabei an das Wissen eines Maya-Ältesten aus Yucatan, Hunbatz Men.

Die Sieben – das Grundprinzip der Ordnung

Für die alten Maya repräsentierten die Plejaden das Grundprinzip des Lebens auf dem Planeten Erde. Die Plejaden stellen sieben Hauptsterne oder Sonnen dar. Diese sieben Sonnen bewegen sich auf einer jeweils individuellen Umlaufbahn um das Zentrum dieses Systems, das Alkyone genannt wird. Unser Sonnensystem bewegt sich mit seinen dreizehn Planeten auf der siebenten Umlaufbahn in 26.000 Jahren einmal um Alkyone herum. Es ist anzunehmen, dass jede dieser Sonnen das Zentrum eines eigenen Planetensystems ist. Nach diesen sieben Sternen beziehungsweise Sonnen wurde also das irdische Leben auf der Erde ausgerichtet, die Mathematik, die Religion sowie die astronomischen Kalender.

Für die alten Maya begann das Leben auf der Erde zum selben Zeitpunkt als diese Sternengruppe ihren Platz im Kosmos einnahm. Das menschliche Bewusstsein soll dort seinen Ursprung haben. Die Maya waren der Auffassung, dass jeder dieser sieben Sterne beziehungsweise jede dieser Sonnen ihre eigene energetische Kraft im Menschen deponiert, so Hunbatz Men.[6] Außerdem integrierten die Maya die Zahl Sieben auf prägnante und grundlegende Weise in ihre Kultur und ihre Kalender, sowohl auf allen sichtbaren physischen Ebenen als auch auf den nicht-sichtbaren spirituellen Ebenen, nach dem Prinzip Mikrokosmos gleich Makrokosmos. Der Mensch besitzt sieben energetische Zentren, die Chakren, der Regenbogen besitzt sieben Farben, es gibt sieben Töne, sieben Tage hat eine Woche, sieben Sterne gehören zu den Plejaden.

Es geht darum, im Mikro- wie im Makrokosmos keine Räume energetisch auszugrenzen, sondern alle Räume und alle Wesen als eigene Qualität wahrzunehmen und in ein fließendes Gleichgewicht zu bringen. Mit der Verbindung zu den sieben Sonnen und deren Planetenkonstellationen werden äußere Räume im Universum integriert, die auch eine Verbindung und ein Wissen zu den sieben Energiezentren in der Körperlandschaft der Frau haben. Die Achtsamkeit und das Feingefühl für diese sieben Energiezentren im Mikrokosmos entschlüsseln erst ihre tiefen Informationen. Und erst ein energetisches Gleichgewicht dieser sieben Zentren mit ihren entsprechenden Tönen und Farben führen die Frau zu ihrer Mitte und zu einer allumfassenden Verbundenheit mit sich selbst und der Erde zurück.

Die Dreizehn – die ungeliebte und vergessene Zahl

Eine weitere Besonderheit, um der eigenen Energetik näherzukommen, stellt die Zahl Dreizehn dar. Die Maya erkannten offensichtlich, dass die gesamte Schöpfung durch die Zahl Dreizehn teilbar ist. Die Zahl Dreizehn ist der Schlüssel zum Verständnis sämtlicher Mayakalender, die mit den kosmischen Gesetzen in Verbindung stehen. Die Maya hatten dreizehn Sternzeichen in ihrem Tierkreis, denn sie schlossen die Plejaden mit ein. Unser Sonnensystem hat dreizehn Planeten. Der Mond hat dreizehn Zyklen. Jeder Tag und jede Nacht haben nach der Beobachtung der Maya je dreizehn Stunden. Der Mensch hat dreizehn Ausdrucksformen. In der Kultur der Maya hat der Kreis den symbolischen Zahlenwert dreizehn, er steht für das Unendliche und symbolisiert sowohl Bewegung als auch Geist.

Der Schlüssel unseres heutigen Zeitverständnisses ist die Zwölf. Ist das bereits eine bewusste oder unbewusste Manipulation der Menschheit? »Dies ist ein künstlicher Zeitrhythmus, denn keiner dieser Zyklen läuft mit irgendwelchen natürlichen Zeitzyklen der Erde oder des Kosmos synchron… Auch die künstlichen Einheiten namens ›Sekunden‹ und ›Minuten‹ haben keinerlei Bezug auf natürliche Vorgänge«,[7] so Hunbatz Men. Die Folge ist, dass sich der Mensch immer mehr von seiner natürlichen Rhythmik entfremdet hat. Der Mensch hat vergessen, dass er ein kosmisches Wesen ist und in Ewigkeit mit der Quelle in sich und allem Seienden verbunden ist. Nur aus der eigenen Mitte heraus kann der Mensch diese Verbundenheit wieder erfahren und aus sich selbst heraus spüren, wer er war, ist und sein wird.

Stand nicht schon immer die Zahl Dreizehn im Abseits? Ich erinnere nur an Freitag, den dreizehnten, der Schlimmes verheißt. Und wie war es mit der dreizehnten Fee bei »Dornröschen«? Als das Königspaar endlich eine Tochter zur Welt brachte, sollte auf dem Hof ein großes Fest gefeiert werden, zu dem alle Bekannten, Freunde und die weisen dreizehn Frauen geladen werden sollten, um dem Kind etwas Kostbares mit in das Leben zu geben. Da nur zwölf goldene Teller vorhanden waren, wurde die dreizehnte Frau nicht eingeladen. Inmitten der Zeremonie trat die dreizehnte herein und sprach, sie wolle sich dafür rächen, dass sie nicht eingeladen worden war: Die Prinzessin soll in ihrem fünfzehnten Lebensjahr von einer Spindel gestochen tot hinfallen. Da die zwölfte weise Frau ihren Wunsch noch nicht ausgesprochen hatte, konnte sie dieses Urteil aber noch abmildern: Es soll nur ein hundertjähriger tiefer Schlaf sein. Als die Zeit gekommen war, breitete sich der Schlaf auf das ganze Schloss und alle seine Bewohner aus. Mit der Zeit wuchs um das Schloss eine Dornenhecke.

Ein anderes Beispiel ist die Tafelrunde von König Artus. An der Tafelrunde wird für den »gefährlichen Stuhl« sehnsüchtig der zwölfte Ritter erwartet, bis er endlich in Gestalt des jungen Galahad erscheint. Mit König Artus sind es dreizehn!

Vergessen bleibt aus der Sicht der Maya auch der dreizehnte Mond (oder Monat)! Dieser Monat bringt wie kein anderer Zeiten der Veränderung sowie des Wandelns auf allen Ebenen mit sich. Sun Bear, Medizimann der Chippewa, schreibt dazu in seinem »Medizinrad Praxisbuch«: »Wenn du unter dem Einfluss des dreizehnten Mondes stehst, befindest du dich in einer Zeit des Überganges. Du wirst womöglich alles in Frage stellen, was du früher einmal geglaubt hast, und tiefe, bleibende Veränderungen auf einigen oder allen Ebenen deines Wesens feststellen. Wenn du diesem Einfluss unterliegst, ist es an der Zeit, nach einer neuen Vision zu suchen, neue Lebens-, Fühl-, Denk- und Handlungsweisen anzustreben. Es ist eine ausgezeichnete Zeit, um kontrolliert in unbekannte Bereiche deines Wesens ein- und vorzudringen. Wegen des Einflusses unter dem dreizehnten Mond sind dir deine innersten Gedanken zugänglicher. Wahrscheinlich wird dir der Ruf von Mutter Erde, wenn sie zu dir spricht, nicht entgehen.«[8] Es wird immer wichtiger, die Botschaft des dreizehnten Mondes zu hören und in das Leben zu tragen – gerade für jene Frauen, die unter dem Einfluss des dreizehnten Mondes stehen. Aber wie spürt eine Frau, ob und wann sie unter dem Einfluss des dreizehnten Mondes steht? Ein Hinweis könnten gravierende Entscheidungsprobleme sein, die sonst nicht da sind. Auch eine innere Ruhelosigkeit oder ein Gefühl, dass die frühere Lebensweise einfach nicht mehr adäquat ist, können Hinweise auf diese Zeit geben; vielleicht aber auch ein Empfinden, dass alles bisher Gewohnte und Vertraute zerrinnt und sich ein Wandel oder ein noch nicht sichtbarer Übergang vorbereitet.

Inwieweit kann dieses alte und geheime Wissen der Maya für den Weg der Bewusstwerdung der Frau und der Erde genutzt werden?

Zunächst einmal lädt dieses Wissen die Frau dazu ein, die künstlich geschaffene Illusion von Zeit loszulassen, um eine eigene natürliche Rhythmik zu finden. In einem natürlichen Rhythmus zu leben, gibt der Frau ein ganz persönliches Gefühl für Zeiten zunehmender und abnehmender Energiequalitäten, die sie gezielt für sich und ihr Dasein nutzen kann. Je mehr die Frau zu ihrer eigenen Natur zurückkehrt, desto mehr findet sie auch an den Gegebenheiten der Natur, wie zum Beispiel den Mondphasen und den Jahreszeiten Orientierung für die unterschiedlichen Energiequalitäten. Je leichter die Frau den Einfluss des Mondes auf das Weibliche versteht, desto besser kann sie die Phasen für das Wachsen und Bewusstwerden nutzen. Denn das Leben in Zyklen ist jenes, was das Weibliche und den Mond miteinander verbindet.

Jede Phase – vom Neumond zum aufgehenden Viertelmond über den Halbmond bis zum Dreiviertelmond und schließlich zum Vollmond sowie seine abnehmenden Phasen – beleuchtet die Erde unterschiedlich. Jede Phase hat eine andere Wirkung auf die Gewässer der Erde und auf die Gefühle der Frau. Denn der Mond beleuchtet mit seinem sanften und weichen Licht gerade jene Schattenseiten der Frau, die in der Nacht viele Menschen nicht in den Schlaf finden lassen. Er bringt die Abgründe des Lebens an den Tag, die normalerweise im Verborgenen schlummern. Oft sind es die weichen und verletzten Seiten des weiblichen Wesens, die am meisten gefürchtet werden.

Ein Integrieren des dreizehnten Mondes bedeutet, sich diesen weichen und verletzten Seiten sanft zu widmen, sie in Triumph zu verwandeln und den Triumph ins Leben zu bringen. Mit dem bewussten Integrieren der Energie des dreizehnten Mondes wird die Frau sich der Bedeutung und der Notwendigkeit von Wandlungsphasen und Phasen der Veränderung in ihrem Leben bewusst. So gibt es Zeiten, in denen Samen gelegt werden, Zeiten, in denen das Wachstum dominanter ist, Zeiten des höchsten Aufstiegs, Zeiten der Ernte und Zeiten des Sich-Zurückziehens.

Nur im ständigen Wandel und Austausch wächst unser Ich, unsere Souveränität und die innere Autorität. Ein ständiger Wechsel zwischen Erkennen-Begreifen-Akzeptieren-Aufnehmen-Loslassen bedeutet, sich mit seiner Persönlichkeit und seinem Individuationsprozess weiterzuentwickeln. Personen, Situationen, Lerninhalte, Krankheiten… Mit all dem setzen wir uns auseinander, um entscheiden zu können, was sie für uns bedeuten und ob sie zur Grundlage unserer Existenz beitragen können. Das Gewahrsein für Wandlungsprozesse lädt dazu ein, die aufsteigenden Ängste, Beklemmungen, Spannungen, Schlaflosigkeiten und Kümmernisse nicht mehr mit Aktivität, Essen oder Medikamenten zu unterdrücken oder zu überspielen, sondern sie bewusst mit dem Körper in neue Qualitäten zu verwandeln. Wandlung heißt Leben. Leben heißt, ständige Prozesse und Veränderungen im Zusammenspiel zwischen Himmel und Erde, zwischen Yin und Yang zu erfahren. Das bedeutet aber auch, dass mit zunehmender Lebendigkeit und intensiverem Lebensfluss unsere Gedanken und Gefühle besser fließen und auf neue Wege führen.

Auch das macht die Qualität dieses dreizehnten Mondes aus. Der Mut und die Kraft, sich den Wandlungen im Leben hinzugeben, wächst aus der tiefen Verbindung zur weiblichen Schöpfungskraft. Aus dieser Verbindung heraus entstehen ein inneres Wissen und das Gefühl, wann der richtige Moment da ist, etwas zu verändern, auch wenn der Weg noch nicht genau sichtbar ist. Es ist wie eine Initiation, die wie ein Zündfunke aus der Tiefe des Körpers ein Signal an die innere Stimme gibt. Das Wiederfinden der eigenen natürlichen Rhythmen und das damit einhergehende bewusste Nutzen der entsprechenden

Qualitäten geben der Frau Kraft und Energie, genau das zum richtigen Zeitpunkt umzusetzen, was ihrem wahren Wesen entspricht. Mit diesem Potential, das sie zur richtigen Zeit aus sich selbst heraus schöpft, kommt sie schrittweise ihrer Selbstwerdung näher.

Ein Prozess von Wandlungen

Aus dieser schöpfenden inneren Verbindung heraus ist es möglich, die eigenen Wandlungsprozesse in Verbindung mit der eigenen Natur innen wie außen zu meistern. So sind es gerade jene inneren Wandlungen in unserer eigenen Natur, die wir auch aus Wandlungsprozessen von der Natur im Außen kennen. Prozesse, in denen in der Tiefe und Stille der Nacht der Samen im nährenden Boden der Erde ruht und über die Verbindung mit der weiblichen Schöpfungskraft Lebendigkeit erfährt. Im Verborgenen und in der Dunkelheit sammelt der Samen diese nährende Energie, bis der Zeitpunkt reif ist, aus der Dunkelheit den Weg ins Licht zu gehen, die Erde zu durchbrechen und geboren zu werden. In dem Bestreben zu wachsen, richtet sich das Neue zum Licht nach oben aus, windet und dreht sich, um den dafür passenden Weg zu finden, bis der Höhepunkt des Wachstums und des Aufbaus erreicht ist und das Leben in Fülle, Schönheit und Blüte außen sichtbar ist. Bis dahin hat die Energie eine nach außen und nach oben gerichtete Tendenz. Das Ergebnis dieser wachsenden und sich ausdehnenden Prozesse ist die Frucht. Mit der Frucht wird der Erde und ihren Wesen etwas in Dankbarkeit und Nachhaltigkeit hinterlassen und zurückgegeben.

Es sind die Kinder, die uns im Leben ein Stück begleiteten und denen wir etwas Essentielles von uns mitgegeben haben. Mit der Fruchtreife erfolgt aber auch ein Wendepunkt in der energetischen Qualität. Es folgt der Weg der Rückkehr und der Heimkehr, der Weg des Loslassens von äußeren Strukturen und des Zur-Ruhe-Kommens. Die energetische Ausrichtung geht dabei nach unten und nach innen. Damit geht auch ein Bewusstwerden einher, in dem Bilanz über das Erreichte gezogen wird und aussortiert und gereinigt, was überflüssig geworden ist, und in dem jenes Essentielle bewahrt wird, was in einen neuen Zyklus mitgenommen werden möchte.

Es ist die Zeit des Sterbens, um sich der Erde zu nähern und den Kreislauf dieses Lebens zu beenden. Mit der Rückkehr der körperlichen Hüllen wird der Erde etwas in Dankbarkeit für die gelebte und leiblich erfahrene Zeit zurückgegeben, etwas, was die Seele für die Zeit ihrer Erkenntnisgewinnung und ihres Lern- und Wachstumsprozesses benötigt hat, um sich selbst zu erfahren. So verbinden sich mit dem Tod die Elemente des Körpers mit denen der Erde. Ein Lebenskreis geht zu Ende und stellt nährenden Boden für einen Neuanfang zur Verfügung. Die Seele, die jetzt körperlos und frei ist, kann freien Willens erneut herabsteigen, um Erkenntnisse und Einsichten in einem anderen Körper zu erlangen und damit wieder einen neuen Kreislauf zu beginnen. Kreislauf für Kreislauf entwickelt sich der Erkenntnisweg zu einer aufwärts sich windenden Spirale.

Die Spirale als Zeichen eines evolutionären Prozesses kennen wir aus der DNA-Struktur des Zellkerns, in dem alle Informationen der Evolution gespeichert sind. Jede Zelle unseres Körpers enthält diese Informationen. Viele dieser Informationen sind nicht bewusst, manche sind absichtlich durch manipulierende Vorgänge verändert worden, um ein Erinnern an tiefes geheimes Wissen einzuschränken sowie Wachstum und Bewusstwerdung der Menschheit zu verhindern. Reinigen wir uns energetisch bis auf die Ebene der Zellkerne und der ursprünglichen DNA-Strukturen, werden Erinnerungen an Abgetrenntes, Unterdrücktes und Verleugnetes geweckt, jenes verborgene tiefe Wissen, das dann wieder integriert wird und neue Puzzleteile dem Gesamtbild hinzufügt, bis das Werk vollständig ist und das Gefühl des göttlichen Lichtes über den Energiekörper nach außen strahlt und sichtbar ist. Dann können sich die Zellen fortlaufend ihren Wandlungsprozessen hingeben, werden geboren, wachsen bis zum Höhepunkt und sterben, um wieder neu geboren zu werden. So ist stetige Regeneration und lebendiges Fließen durch die Verbindung zur Quelle in uns und zur Quelle der Schöpfungskraft mit ihren Wandlungsprozessen möglich.

Eine derartige Wandlung in der Tiefe ist aber an die Bedingung gebunden, dass das zu Wandelnde zur Gänze in das große Weibliche zurückgeht, vergleichbar mit einem Schlaf in der nächtlichen Höhle. Auf jeden Fall ist eine Erneuerung nur nach dem Tode der alten Persönlichkeit möglich. Aber diese Rückkehr ist nicht nur das Beenden des Lebens durch den Tod, sondern auch Erneuerung und Wiedergeburt in der Tiefe. Und so heißt es im christlichen Mysterium »sterbend wird sie gebären«.[9] Dieser Übergang hat den Charakter des Zaubers und der Inspiration.

»Sein Wandlungscharakter führt über Auflösung und Tod zur ekstatischen Steigerung und zur Geburt des sich aussprechenden Geistes, welcher als Symptom der Wiedergeburt in ekstatischer Inspiration zur Schau und zum Spruch, zum Gesang und zur Verkündung führt.«[10] Die Geburt erweist sich als eine gewandelte Geburt, es ist das Geborenwerden eines »göttlichen Kindes«, eines Sonnen-Kindes. Es ist das Licht im Gegensatz zur Dunkelheit der Nacht, Bewegung im Gegensatz zu ihrer Ruhe. »Das Weibliche erfährt, dass es das Licht und den Geist zu gebären imstande ist, und zwar als einen Lichtgeist, der trotz aller Wandlungen und Untergänge ein Dauerndes und Unsterbliches ist.«[11] Hierin zeigt sich sehr deutlich der Charakter der Wandlung im Geistigen.

Den Weg des Geistes zu gehen, bedeutet, sich von ihm befruchten zu lassen, ihn aufzunehmen, ihn in sich wachsen zu lassen und in einer neuen Geburt wieder von sich fortzugeben, ohne sich aber gänzlich in ihn zu verwandeln. Aus dieser Verbindung zur schöpfenden geistigen Quelle können die Lebewesen und mit ihnen die Erde wachsen. Mit der Selbsterfahrung wächst das Selbstvertrauen für die heilenden und regenerierenden Prozesse. Diese wachsende Verbindung baut so viel schöpfende Kraft und Energie auf, die mit der Klarheit der persönlichen Absichten gezielt zur Heilung und Regeneration von Mensch und Erde eingesetzt werden kann. Es ist ein Potential, dass an das Göttliche im Menschen und in Mutter Erde erinnern kann.

In der Kosmovision der Maya stellt die Göttin Ixchel symbolisch die heilige weibliche Kraft dar. In ihrer zweifachen Symbolkraft repräsentiert sie zwei wesentliche Lebensabschnitte der weiblichen Natur. Die *junge Ixchel* steht für den ersten Daseinszyklus der Frau, der etwa fünfzig Jahre dauert. Es sind die Eigenschaften eines gesunden, jungen und vitalen weiblichen Körpers, es ist die gebärfähige Phase und die Zeit ihrer Verpflichtung, Kern der Familie zu sein. Die Zahl 50 gilt als symbolische Zahl der schöpferischen Vollendung des ersten Daseinszyklus, die einen Neubeginn ermöglicht: Sieben mal sieben (49) ergibt den vollendeten Zyklus, mit der zusätzlichen Eins ist der Impuls zu einem neuen Anfang gesetzt. Die *ältere Ixchel* symbolisiert die reife Frau ab 50 mit Lebenserfahrung, die die Weisheit des Alters erworben hat und sie anzuwenden weiß. Die Frau wird dann als Schmetterlingsfrau bezeichnet, die sich mit einem Erneuerungsritual aus dem engen Kokon befreit hat und ihre Flügel ausbreitet, um sich für ihre intuitiven und übersinnlichen Fähigkeiten zu öffnen und sie vollends zu zeigen. Sie kann jetzt als weise Frau, als Priesterin, Seherin, Prophetin und magische Heilerin die Heilkunde auf die Erde bringen.

Wandlung in Symbolik und unterschiedlichen Erscheinungsformen

Ein Symbol, das sowohl für die Erschaffung des Schicksals und des Geborenwerdens als auch für die Zerstörung des Lebens und das Sterben steht, ist die **Spinne.** Im Hinduismus steht das Spinnennetz für die kosmische Ordnung, in dessen Zentrum die Spinne die Illusionen der Welt webt. Die Spinne verbindet uns in der Mitte ihres Netzes mit der großen Mutter, den weiblichen Mysterien und weiht uns in die universellen Gesetze und Ordnungssysteme der Welt ein. Alle Mondgöttinnen sind Spinnerinnen und Weberinnen des Schicksals. Als Große Weberin spinnt sie aus eigener Substanz den Lebensfaden und bekleidet damit den Menschen mit dem von ihr gesponnenen und gewebten Körper. Mit dem Lebensfaden bindet sie alle Menschen über das Band der Nabelschnur an sich und an das Gewebe der Welt. Sie schafft Verbindung zwischen allem, was ist, das heißt mit der Vergangenheit und der Gegenwart und mit der Zukunft.

Die Spinne inmitten ihres Netzes verkörpert ein Weltzentrum; desgleichen kann sie die Sonne sein, die von ihren in allen Richtungen scheinenden Strahlen umgeben ist, oder der Mond als der Zyklus von Leben und Tod in der manifesten Welt oder auch das Jahr, das das Gewebe der Zeit webt.[12] Bei vielen indianischen Stämmen ist die Spinne ein machtvolles, hilfsbereites und heiliges Wesen. Bei den Ägyptern und Griechen wird sie den Schicksalsgöttinnen zugeordnet.

Die Spinne bringt dir den Mut, sich den Fäden der Vergangenheit zu stellen, die Kraft, Mitschöpferin deiner eigenen Welt zu sein, Verantwortung für das eigene Leben und das eigene Schicksal zu übernehmen, Visionen und Träume aus dir selbst heraus im Geiste und in der Dunkelheit der Nacht zu weben und in die Tat umzusetzen. Sie fordert dazu auf, das Netz der Illusionen zu zerreißen und Geschichten zu weben und zu erzählen, damit die kreative Vorstellungsgabe, die Schöpferkraft im Menschen niemals versiegt.[13]

Aber genauso wie der positive Aspekt existiert, gibt es auch einen negativen. Denn die Spinne ist auch ein Symbol der grausamen Mutter, denn Netz und Schlinge sind typische Waffen der furchtbaren Macht des Weiblichen, um zu fesseln und zu binden, die mit dem Knüpfen des Knotens zum gefährlichen Werkzeug der Zauberin werden können.[14]

Die **Schlange**, die sich um einen Baum geschlungen hat, symbolisiert die Erweckung einer dynamischen Kraft, den Genius alles Wachsenden. Sie wird im Menschen zum Vermittler zwischen Himmel und Erde, Erde und Unterwelt und wird mit Himmel, Erde und Wasser assoziiert. Kosmologisch gesehen, ist die Schlange der Urozean, von dem alles ausgeht und in den alles zurückkehrt, das uranfängliche, undifferenzierte Chaos. Sie ist Herrscher der Mächte des Wassers, umkreist das Wasser und hält das Wasser gefangen, ist aber zugleich auch Wasserbringer.

Die Wellenform einer Schlange unterstreicht ihren kosmischen Rhythmus und die Verbindung zum Wasser. Sie symbolisiert damit den alles durchdringenden Geist, die unbewusste innere Natur des Menschen. Im Körper des Menschen ist sie spürbar als aufsteigende Kundalini-Schlange des Tantra-Yoga oder als Rückenmarksschlange in der chinesischen Alchemie oder im Talmud. Im Chinesischen wird die Schlange selten vom Drachen unterschieden. Der Drache ist ebenso wie die Schlange Regenbringer und Träger der Lebenskräfte des Wassers, der Fruchtbarkeit und der Verjüngung. Beide sind Hüter der Schwelle, dem Durchgang zu den geistigen und materiellen Schätzen und den Wassern des Lebens.

Die gefiederte Schlange, **Quetzalcoatl**, ist eine Kombination des Quetzal-Vogels mit der Schlange Coatl, sie ist die Sonne, der Geist und die Macht des Aufsteigens, der Atem des Lebens, der Erkenntnis und der ewigen Schöpfung, die nicht endende Zeit und Mittler zwischen Gott und Mensch. Der Vogel steht dabei für den Aufstieg zum Himmel, für den Transzendenzgedanken und für ein höheres Bewusstsein. Zusammen stellen beide Tiere die Vereinigung von Luft und Feuer dar. Im Mexikanischen ist Quetzalcoatl der sich selbst verwandelnde Held. Er ist der sterbende und der wiederaufstehende Gott, der irdisch-göttliche Vertreter des Lichtprinzips und des Menschen, der lunare, solare und astrale Bedeutung in sich trägt. »In seiner Doppelheit (sterbend und wiederaufstehend) verbindet er die West- und Todesseite als Abendstern mit der Ost- und Lebensseite als Morgenstern, ein positives Symbol der aufsteigenden Macht, die zur männlichen Geist-Himmels-Sonnen-Seite gehört.«[15] »Als Sohn der Urgottheiten Himmel und Erde, der unteren Schlangen- ebenso wie oberen Vogelcharakter besitzt, ist er ein ›vereinigendes Symbol‹«[16]

Die Maya stellten aber nicht nur fest, dass alle Wesen dem Prozess der Wandlung unterliegen, sondern auch von zwei geometrischen Grundformen beherrscht werden, dem **Kreis und dem Quadrat**. Der Kreis steht für den Schöpfer des Universums, Hunab K'u. Nach den Übermittlungen des Schamanen Crispin Izquierdo, der die geometrischen Weisheiten des Arahuaco-Volkes aus Kolumbien weitergab, befindet sich im Kreis ein Quadrat für den Vater der Gedanken und ein weiteres Quadrat, das die Mutter der Fruchtbarkeit (Mutter Erde) zum Ausdruck bringt. Die beiden sich überlappenden Quadrate symbolisieren die Vereinigung von Vater und Mutter beziehungsweise Makrokosmos und Mikrokosmos.

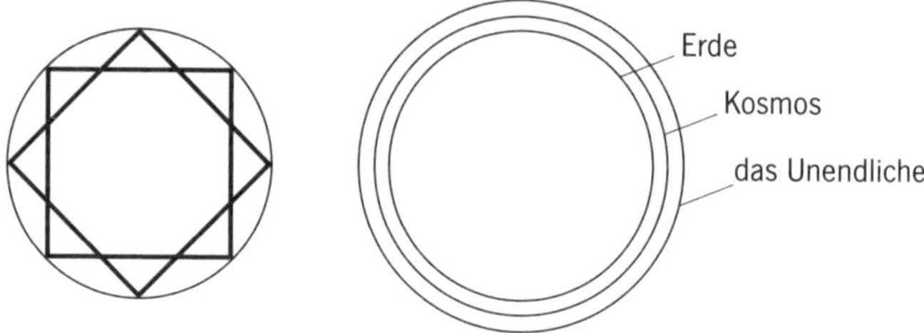

Abb. 1: Linker Kreis: Die Vereinigung von Mutter und Vater beziehungsweise Makrokosmos und Mikrokosmos; rechter Kreis: Der innere Kreis symbolisiert die Erde, der mittlere Kreis den Kosmos und der äußere Kreis das Unendliche.

Die Weiterführung dieser Ansicht ist die Darstellung in Linien. Dem Vater entspricht die senkrechte nach oben deutende Linie, der Mutter die nach unten deutende Linie. Die horizontale Linie symbolisiert die Mutter. Das sich daraus ergebende leicht gedrehte Kreuz in der Form eines X repräsentiert das Gleichgewicht und die Entstehung des Menschen aus der Mitte heraus. Umgeben vom »inneren Kreis der Erde«, vom »mittleren Kreis des Kosmos« und dem »äußeren Kreis des Unendlichen«.

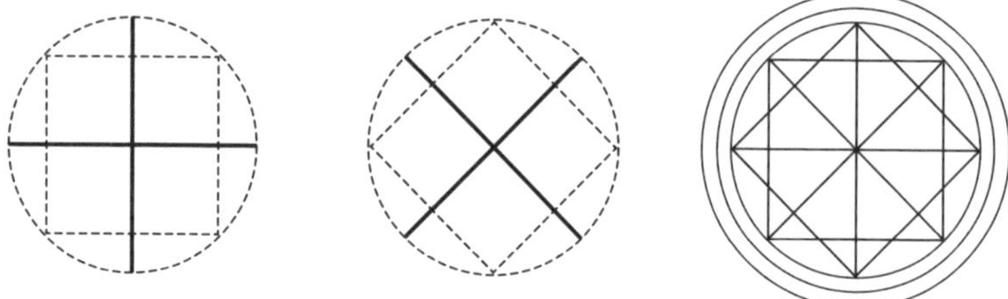

Abb. 2: Linker Kreis: der Vater als senkrechte Linie, die Mutter als waagerechte Linie; Kreis in der Mitte: das Gleichgewicht von Mutter und Vater in Form eines X; rechter Kreis: die Entstehung des Menschen.

So waren das Symbol und der heilige Inhalt des Kreuzes ursprünglich vorgesehen. Aber mit der spanischen Eroberung entstand für die Maya und infolgedessen für die gesamte Menschheit ein katastrophaler kultureller Schaden. Der heilige Inhalt des Kreuzes wurde verzerrt und bezog sich nun auf das Leiden der Menschen. Auf dem Kreuz hängt jetzt der blutige, gekreuzigte Körper Jesu, der Liebe, Großmut und Wohlwollen für unseren Nächsten gepredigt hat. Ein Symbol für Güte und Macht wurde dazu missbraucht, jemanden lebendig zu kreuzigen.[17]

Das Wort »**Kreuz**« wurde im Land der Maya mit »**Baum**« gleichgesetzt. Die Maya sprechen vom »Baum des Erwachens«. Der ganze Maya-Kult baut auf der Ehrfurcht vor der Natur aber insbesondere vor dem Baum auf. Für die Maya waren Baum und Mensch ein und dasselbe, ein Symbol des höchsten Architekten. Der »Heilige Baum« ist Lehrmeister und Begleiter auf der geistig-seelischen Ebene. Dabei steht der Buchstabe »O« für den »Geist des Baumes«, und der »Geist des Baumes« wiederum ist zugleich auch der des Menschen. Der »Heilige Baum« oder »Baum des Lebens«, der auch die Weltachse oder die Achse des Universums genannt wird, ist sowohl die Verbindung zur

Abb. 3: Das Symbol Tamuanchans, der Heimat der menschlichen Rasse. Der Mensch ist ein Abkömmling des Baumes und entsteigt symbolisch einem geborstenen Baumstamm.

spirituellen Welt als auch die Verbindung zwischen Himmel und Erde, das Tor zu Hunab K'u. In Momenten der Verzweiflung und Trauer kann man den Baum um Hilfe bitten, und in den meisten Fällen wird die Bitte erhört. Der heilige Buchstabe »T« entspricht dem Sinnbild des Baumes. Es ist häufig in T-förmigen Eingängen oder in kreuzförmigen Fenstern der Eingeborenenarchitektur in Amerika zu finden. Dem »T« entspricht ebenso die Zahl Neun. Die Zahl Neun finden wir wiederum in den neun Gedächtnisspeichern des Bolon Ti K'u.

Wenn wir uns über Riten und Zeremonien diese alten Symbole und die wahre Bedeutung der Zahlen und Buchstaben bewusstmachen, nähern wir uns unseren wahren Anfängen. Vieles liegt davon noch im Dunklen und Verborgenen. Der Verstand kann das tief verwurzelte Wissen alleine nicht erinnern. Nur das Wahrnehmen und Spüren aus der Mitte heraus öffnet die Tür in das Verborgene, in das Dunkle und lange Zeit Vergessene. Solange wir nicht zu spiritueller Klarheit und Reinheit finden, bleiben diese unteren Türen verschlossen.

Die dunkle weibliche Seite

Mit der Entstehung der Erde und dem Tagesbewusstsein, welches aus dem dunklen Unbewussten entstanden ist, treten damit auch das Gegensatzprinzip zwischen einer hellen und einer dunklen weiblichen Seite in Erscheinung. So zeigt sich die *dunkle weibliche Seite* in der Natur im verschlingenden Wasser und seiner Überschwemmungsgefahr, im zerreißenden Erd-Schoß und seinen schweren Erdbeben, im Abgrund des Todes, in der feindlichen Nacht- und Todesschlange. Die dunkle Seite zeigt sich im sogenannten negativen Unbewussten beziehungsweise als »Wasser der Tiefe« in der Erde unter der Welt der Menschen, das im nächtlichen Dunkel lebendig ist. Die Mayagöttin Ixchel trägt symbolisch deshalb das tödliche Wassergefäß. Sie ist die Göttin der verderbenbringenden Fluten und des Mondes. Ihr Symbol ist das umgestülpte unheilbringende Gefäß, auf ihrem Haupt ruht die tödliche Schlange, an Händen und Füßen trägt sie spitze Tierklauen, und ihr Gewand ist mit den gekreuzten Knochen, den Zeichen des Todes, geschmückt.

Abb. 4: Die Mayagöttin Ixchel

Die unbewusste weibliche Seite, in der Darstellung mit der tödlichen Abgrundschlange auf ihrem Haupt, und das Unheil von Überschwemmungen und Erdbeben sind durch den sieghaften Sonnenhelden des Bewusstseins zu überwinden. Das hieße, dass Unbewusste ans Licht zu bringen. Bewusstwerdungsprozesse sind Wandlungsprozesse; Wandlungsprozesse, die etwas Altes sterben lassen, um etwas Neues zu gebären.

Die Fähigkeit der Wandlung entspricht dem Weiblichen. Wandlung ist genau das Gegenteil von verlässlicher Sicherheit. Wandlung ist verbunden mit unberechenbaren Energien, die nicht in bestimmte Bahnen gelenkt werden können, es sind Energien, die wechselhaft und prozesshaft auf- und absteigen. Dazu gehört die helle Zeit der Sinnlichkeit und Lebendigkeit genauso wie die dunkle Zeit des Loslassens und Sterbens als notwendige Durchgangsphase, um etwas Neues in der Tiefe entstehen zu lassen. Denn durch das Sterbenlassen, durch das Abtrennen und Zerstören wird wiederum die Erde mit Blut und Fleisch genährt, um daraus verwandelt wiedergeboren zu werden und zu neuer Fruchtbarkeit zu gelangen. Jedes Sterben befruchtet die Erde wieder neu.

In der Geschichtsauffassung hat sich schleichend eingeprägt, dass die Götter Blutopfer forderten, gar 20.000 bis 50.000 Menschen pro Jahr. In der Symbolik entspricht die »Opferblutschale« der unbewussten weiblichen Seite. Die Vorstellung, »Opfer bringen zu müssen« oder für ein Leben auf der Erde »leiden zu müssen«, ist eine über lange Zeit geprägte unbewusste weibliche Grundannahme, die auch heute noch tief in die Frau »eingemeißelt« ist.

Dass dieses Muster tief in der Frau aktiv ist, zeigt die pathologische Lebensweise der modernen Frau, die sich ständig selbstlos für die Kinder, für den Ehemann, für die Arbeit, für das soziale Umfeld »aufopfert« und sich damit überfordert. Für den Bewusstwerdungsprozess der Frau wäre es eine große Chance, diese unbewusste Prägung der Aufopferung in das richtige Licht zu rücken und aufzulösen. Dazu ist zunächst eine neue Betrachtung der weiblichen Themen des Loslassens und Sterbens und des Neu-geboren-Werdens erforderlich. Aus diesem Grund sind die großen Göttinnen auch Verwalterinnen des Lebendigen und des Blutes.

Den Weg in die weiblichen Tiefen zu gehen und sich der Großen weiblichen Gottheit zu nähern, bedeutet nämlich, sich mit dem Blutmysterium auseinanderzusetzen. Dieses Blutmysterium und seine Botschaften zu entschlüsseln und wieder zu erinnern, begleitet den Weg der Bewusstwerdung in die Tiefen des Weiblichen. Diese Botschaften zu entschlüsseln und damit die Tür in die weiblichen Tiefen zu öffnen, bedeutet, Verbindung zur eigenen weiblichen Natur, zur Natur der Mutter, der Großmutter und der gesamten weiblichen Ahnenreihe bis hinein in die Seelengeschichte und von dort in das Weibliche der Erde, das sich über die Elemente Wasser und Erde zum Ausdruck bringt, herzustellen.

Das Blut übermittelt dabei die gesamte weibliche Lebens- und Seelengeschichte der Frau und verbindet das Weibliche innen mit der Natur außen. Ein Miteinanderfließen über das Blut, über die Lymphe und über das Wasser spiegelt ein tiefes Verbundensein des Weiblichen wider. Jedes unterbrochene oder stockende Fließen der Lebenssäfte sowie jedes Zuviel oder Zuwenig von Lebenssäften deuten auf eine eingeschränkte Verbindung zum weiblichen Lebenssaft hin. Das Überwinden dieser Unterbrechungen oder Abspaltungen, das Lösen von Stauungen oder das Füllen von Leere stellt Verbindung wieder her. Der Prozess des Heilens beginnt bei jeder Frau selbst. Indem sie ihre eigenen abgespaltenen tiefen dunklen weiblichen Anteile bewusstmacht, unterstützt sie nicht nur ihren Heilungsprozess, sondern auch das Heilwerden der Erde mit ihren Lebenssäften und den darin lebenden Lebewesen.

Ein Verbunden-Sein mit der eigenen Erde lässt ein Strahlen und Erleuchten aus sich selbst heraus entstehen. Mit dem Erleuchten und Ausdehnen kommen die Erinnerungen an die Verbindung mit den Sternenwesen – und daran, dass wir aus freier Entscheidung den Weg auf die Erde gewählt haben, um in verschiedenen Körperformen zu lernen und zu reifen und als strahlender und wandernder Stern das Leben zu erwecken und es zur Ruhe zu bringen. Es ist das Bewusstsein für Übergänge und Grenzbereiche, die für Kreativität, Veränderung und alle Freuden und Zweifel des menschlichen Bewusstseins stehen, das verspielt, wechselhaft und sich nie für lange Zeit sicher ist.

3
Die Wandlung mit der Mondin

Der Mond mit seinen wandelnden Erscheinungen ist von jeher das eindrucksvollste aller himmlischen Phänomene. Die dem Mond unterstehenden Gebiete sind mannigfaltig. »Als Symbol der selber wachsend und vergehend sich wandelnden himmlischen Gestalt ist der Mond archetypischer Herr des Wassers, der Feuchtigkeit und der Vegetation, das heißt alles Wachsend-Lebendigen.«[18] Ihm unterstehen alle Wasser der Tiefe, alle Ströme, Seen, Quellen und Säfte – und mit dem Wasser die Lebensgrundlage für Nahrung und Fruchtbarkeit als die zentralen Anliegen des weiblich Nährenden und Gebärenden.

Als die den Kosmos beeinflussende Energiequalität beherrscht der Mond die Erde, das Lebendige und das Weibliche. Die Sprache verrät die einflussnehmenden Seiten des Mondes: Von der indogermanischen Ursilbe *Ma* und deren Abwandlungen *Man, Mat, Me, Men* leiten sich unter anderem folgende Wörter der indogermanischen Sprachfamilie ab: griechisch *Menis* (Zorn, Mut), *Menos* (Vorsatz, gerichtetes Denken), altindisch: *Manas* (Sinn, Geist, Seele, Mut, Zorn) und *Manu* (Mensch), vergleiche lateinisch: *Humanus* (menschlich, Mann), altindisch: *Matar,* griechisch: *Meter,* lateinisch: *Mater* (Mutter) – von Letzterem: Materie. So gilt der Stand des Mondes der zeitlichen Orientierung, beispielsweise bei der Mond-Monat-Berechnung und später bei der Mond-Jahr-Berechnung. Mit dem Wandel des Mondes wandelt sich die Qualität einer bestimmten Zeit rhythmisch-periodisch, so dass man von zunehmenden (14 Tage) und abnehmenden (14 Tagen), günstigen und ungünstigen Energiequalitäten sprechen kann, und damit auch von Zeiten, wie beispielsweise dem Neumond (3 Tage), in denen das tiefe Unbewusste überwiegt, und anderen Zeiten, wie beispielsweise dem Vollmond (15. Tag), in denen das bewusste Sein sichtbar und lebendig wird. Es handelt sich um bestimmte Schwingungen, Wellen, Strömungen und Kraftzentren, welche die Erde durchdringen und das psycho-biologische Leben von außen und von innen durchpulsen –

und mit diesen periodischen Schwingungen auch die Schwankungen hinsichtlich der körperlichen Lust und der sexuellen Leidenschaft.

In der Analogie der kosmisch-himmlischen Erscheinungen und der irdisch-weiblichen Periodik ist der Mond die sichtbarste Entsprechung eines 28-Tage-Rhythmus, den die Frau im Zyklus ihrer Menstruation leiblich erlebt. (Die halbe Phase von vierzehn Tagen [Neumond bis Vollmond] und die Viertelzeit von sieben Tagen, der Woche.) Und mit dem Erfahren der Menstruation erlebt sie leiblich die Wandlungsphasen im eigenen Körper; sie liebt, wird schwanger, gebiert, nährt und pflegt leiblich. Auch die Dauer der Schwangerschaft ist von jeher nach dem Mond gemessene Zeit: Neun Monate (265 Tage) entsprechen der Zeit von neun synodischen Mondmonaten, also von 9 mal 29,5 Tagen.

Die Neun ist die Zahl der griechischen Mondgöttinnen. Diese wandelnden Phasen erlebt die Frau nicht allein auf der Ebene des Verstandes, sondern in einer Art sinnlicher Einverleibung. Eine sinnliche Einverleibung bedeutet im sexual-symbolischen Sinne, eine erfüllte und durchdringende Beziehung einzugehen, das heißt eine Konzeption zu erleben, eine innere Befruchtung zu erfahren, die Saat in sich »aufgehen« zu lassen und die Frucht »auszutragen«, so Erich Neumann. Das Austragen einer Frucht aus sich selbst heraus reicht demnach über den biologischen Fruchtbarkeitsaspekt weit hinaus. Dieser gesamte Prozess ist ein innerer und selbst durchdrungener Erfahrungsprozess, der an die jeweilige weibliche Persönlichkeit gebunden ist und mit ihr hautnah erlebt wird. Er kann nicht auf andere übermittelt und übertragen werden, die nicht ähnliches erlebt haben. Und gerade dieser innere Erfahrungsprozess der Frau wird erst durch den Mond möglich, so dass die Frau das innere Erleben des Weiblichen möglicherweise intensiver in der Beziehung zum Mond erfahren kann als beispielsweise in der Bezogenheit zum Mann.

Es geht in der Beziehung zum Mond um den Aspekt des weiblichen Geistes und das Erinnern des matriarchalen Bewusstseins. »Die Mondperiodik mit ihrem nächtlichen Hintergrund ist das Symbol eines Geistes, der wächst und sich wandelt im Zusammenhang mit den dunklen Prozessen des Unbewussten… Das Ich des matriarchalen

Bewusstseins hat keine freie und unabhängige Eigenaktivität, sondern es ist eher passiv abwartend, auf den Geist-Impuls eingestellt, den das Unbewusste ihm zuträgt«,[19] so Erich Neumann.

So gibt es günstige Zeiten, in denen sich die Geistaktivität offenbart, und ungünstige Zeiten, in denen sich die Geistaktivität abwendet. Es gilt, diese Zeiten abzuwarten und abzupassen, sich mit dem wechselnden Mond in Übereinstimmung zu setzen und mit der von ihm ausgehenden Schwingung eine Konsonanz, eine Einstimmigkeit herzustellen. Für dieses Bewusstsein muss die Zeit reifen, mit ihr reift, wie die Saat, die Erkenntnis. Es ist ein Prozess, in dem es nicht um das »Tun« geht, sondern um das »Lassen«, im Sinne einer empfangend-annehmenden Grundhaltung. Es handelt sich um eine abwartende, schauend-beobachtende und von Aufmerksamkeit begleitete totale Wahrnehmung, ohne willentliche Ich-Intentionen. Es ist das totale Ergriffensein in einem Prozess. Das Wahrgenommene wird lebens- und naturnah erfahren und mit Schicksal und lebendiger Wirklichkeit in Ganzheit verbunden.

Mit der Fähigkeit des Abwartens, Annehmens und Reifens wandelt sich das Wahrnehmende stetig, es folgt schweigend einem Impuls aus dem Unbewussten. Aus den unbewussten Tiefen kann schöpferisches Tun aus sich selbst heraus entstehen. Diese Art der inneren Erkenntnisgewinnung mag nach außen einen sehr mystischen Charakter haben. Mystisch wird es gerade dann, wenn Schweigen, Gestalten und Realisieren wichtiger erscheinen als Formulieren und Bewusstmachen. Kritisch wird häufig das bloß Naturhafte und die wenig sichtbare geistige Leistung gesehen. Die eigentliche Leistung des Ichs liegt jedoch in der Bereitschaft, den auftauchenden Inhalt des Unbewussten anzunehmen und sich mit ihm in Übereinstimmung zu bringen. Denn gerade dieses passiv-empfangende Prinzip ist das, was das Tun einer Schamanin und einer Mondgöttin ausmacht. Die Mondgöttin nimmt den Impuls aus dem Unbewussten an und steigt freien Willens hinab in die unbekannten und bedrohlichen Tiefen des Unbewussten und Verdrängten, um es aus der Klammer der Todesstarre zu befreien und ans Licht zu bringen. Ihre Bestimmung ist es, dass die Energien zwischen der hellen und der dunklen Seite fließen, so dass sich die obere und die untere Welt gegenseitig befruchten und neues Wachstum und Lebendigkeit hervorbringen. Als Gebieterin verkörpert die Mondgöttin Inanna den ewigen Zyklus zwischen Ober- und Unterwelt, und den unerbittlichen Initiationsritus zur Heilung, zur Integration und zum Wachstum der weiblichen Seele vollzieht sie selbst. Sie reist als Mondgöttin über Leben und Tod.

4

Die Wandlung der großen weiblichen Mondgöttin

Inanna – gebärende Mondin

Die Weibliche Göttin ist die Ursprungsdunkelheit des Alls. Sie steht als »Großes Rundes« am Anfang und am Ende der Wandlung. Sie ist das Dunkle und Tiefe der Urnacht als das Symbol des Unbewussten, als Mutter aller Dinge, die gebärt und aus sich selbst heraus entstehen lässt. Sinnbild für alles Gebärende ist die **Göttin Inanna**. Inannas mythische Geschichte wurde in Keilschrift und Tontafeln aufgezeichnet, und zwar im 17. vorchristlichen Jahrhundert in Nippur, dem ehemaligen geistigen Zentrum Sumers. Fast 100 Jahre lang dauerte der Prozess, diese Texte der Öffentlichkeit als Ganzes zugänglich zu machen. Daran waren der amerikanische Sumerologe Samuel Noah Kramer und seine Kollegin Diane Wolkstein entscheidend beteiligt. Beide wussten es zu würdigen, welche Kostbarkeiten ihnen da in die Hände gelegt waren.

Inannas Krone trägt zwei Hörner in Gestalt des zunehmenden und abnehmenden Mondes, Federn oder Zweige und noch einmal die liegende Mondschale, das Mondboot. Die Göttin trägt üppige Haarflechten, ihre vier Zöpfe enden in spiralförmigen Locken. Ihre Rechte hält Dattelpalmenzweige. An beiden Seiten ihres Kopfes erkennt man je drei Gebilde, die an Stengel mit einer Knospe oder an Phalli erinnern. Diese Attribute bezeugen, dass die sprießende Vegetation und die Schöpfungswonne zu Inannas Wirkungsbereich gehören. Die Dattelpalme ist ihr besonderes Emblem, denn die Göttin gilt als Beschützerin der Vorratshäuser für die Dattelernte.

Mit ihrem gebärenden Charakter ist Inanna ein Symbol der Fruchtbarkeit von Mutter Natur und somit ein Sinnbild für den Ursprung des Lebens. Dieses urhaft Weibliche gebiert das Wasser und die Erde als

Abb. 5: Inanna mit Dattelpalmenzweig
Mesopotamien, ca. 2400 v. Chr., Basalt, Staatliches Museum zu Berlin

die unteren Kräfte der Welt. Mit ihrem Blut erschafft sie alle Gewässer der Erde. Der Urozean und das Urmeer mit seinen Untiefen werden ebenfalls dem Weiblichen, dieser Großen Mutter zugesprochen. Mit dem Wasser ermöglicht sie das Lebendigwerden. So taucht die Erde als Urhügel aus dem Urozean des Wassers auf und lässt damit ein Tagesbewusstsein aus dem dunklen Unbewussten emporsteigen. »Deshalb ist der Urhügel, wie das Bewusstsein im Unbewussten, die ›Insel‹ im Meer«, so C. G. Jung.[20]

Mit der Geburt der Erde erscheint am Himmel auch die Sonne und mit ihr das schöpferische männliche Prinzip der Licht- und Bewusstseinswelt. Mit der Geburt des Lichtes, der Sonne wird der Tag dem Bewusstsein, die Nacht dem Unbewussten zugeordnet. Wie der Urhügel der Erde tauchen auch die urobische Urschlange als erste Geburt und Wiedergeburt des Lichtprinzips aus dem Urozean auf. So entspricht das **Wasser** dem Urweiblichen, gemeint sind dabei sowohl das unterirdische als auch das oderirdische Wasser. Unterirdisch ist es das

Fruchtwasser und die Quelle, in denen das Lebendige geboren wird, oberirdisch ist es das Wasser der Meere, Ströme, Flüsse und des Regens. »Der Brunnen als Ganzes ist ein Uterus-Symbol des gebärenden Weiblichen, das Bäche und Ströme aus seinem Erdschoss gebiert.«[21]

Dem urweiblichen gebärenden Charakter entspricht aber auch die **Erde**, in dem das Gebären und Wachsen alles Lebendigen beginnt. Hier wird Lebendiges als vegetatives Leben aus der Tiefe und Dunkelheit des nächtlichen Anfangs herausgehoben. Das Weibliche gebiert seit Urzeiten die **Pflanzenwelt** und ist mit ihr über die Erde, das Wasser und den Himmel eng verbunden. Im frühesten Stadium der Menschheit hat das Sammeln von Pflanzen, Wurzeln und Knollen zu den Hauptarbeiten der Frauen gehört.

Als Erd- und Fruchtbarkeitsgöttin wie auch als Himmels- und Regengöttin ist die Göttin Herrin über die aus der Erde wachsende Nahrung und alle damit verbundenen Bräuche. Sie ist die Herrin über den Ackerbau. Aus diesem Grund ist die Große Göttin oft mit einem Pflanzensymbol verbunden. Blüte und Frucht gehören zu den typischen Symbolen, die die Göttin in den Händen hält. Meist ist es aber

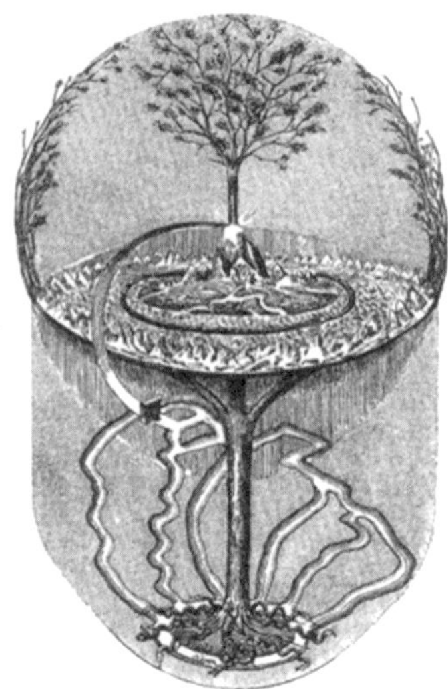

Abb. 6: Der Weltbaum der Edda (Illustration aus der deutschen Romantik, 19. Jahrhundert)

die Symbolik des Baumes, der der Erde in seinem Leben und Wachstum am direktesten verhaftet ist.

Der Weltenbaum zeigt jedoch nicht nur die enge Verbindung zwischen dem Weiblichen und der Welt der Pflanzen. Gerade weil der Baum in der Tiefe wurzelt, hat er Verbindung mit den Abgrundtiefen des dunklen nächtlichen **Unbewussten**. Auf der kollektiven Ebene ist es die Verbindung zur Geschichte der Menschheit, auf der persönlichen Ebene zur Geschichte der eigenen Familie, dem Stammbaum. Es sind die tiefen Weisheiten des Wassers und der Quelle, die sich offenbaren.

Der Baum wächst in die Zeit hinein, wird langsam groß und erfährt dabei Entwicklungs- und Wandlungsprozesse. Jahr für Jahr legt er einen neuen Ring um sich, sein Alter damit sinnfällig bezeichnend. Sein Schicksal wächst damit von innen heraus. So geschehen alchimistische Prozesse, in denen die ursprünglichen Elemente synthetisiert werden und in einer dem Unbewussten unterstellten Wandlung zu neuer Einheit und Formierung gelangen.

Die Zweige und die Blüte entsprechen dem Sichtbarmachen und der Entfaltung des Schicksals am »Sternenhimmel«, für die Oben und Unten eins sind. Sie sind das Auftauchen der Lichtqualität des Bewusstseins aus dem Unbewussten. Diese »Baumgeburt« ist schließlich das Endergebnis von Entwicklungs- und Wandlungsprozessen, die unter der Erde beginnen und oben am Himmel sichtbar sind. Dieser Himmelsbaum nächtlichen Leuchtens ist auch der Seelenbaum der Wiedergeburt, in der jeder Tote zu einem himmlischen Licht wird und sternhaft in die Ewigkeit des »Großen Runden« heimkehrt. Geburt und Wiedergeburt und Schicksal verbinden sich in dieser Symbolik. Das Schicksal ist der große Kanal der Seele in der heiligen Mitte des Baumes genauso wie in der des Menschen.

Selbstwerdung – Die Zeit zunehmender Energien

Die Tiefen dieses Baumes sind besetzt von drei Untermietern, denen Inanna nicht gewachsen ist und die sie zur Verzweiflung bringen. In den Wurzeln hat sich die *Schlange, die niemand zähmen kann,* eingenistet, im Stamm die *wilde, dunkle Lilith* und in der Krone der unberechenbare *Anzu-Vogel* mit seiner Brut.

Die *Schlange* steht für das ursprüngliche Prinzip der Wandlungsfähigkeit. »Als ein Tier, das tötet, ist sie Tod und Zerstörung; als eines, das periodisch seine Haut erneuert, ist sie Leben und Auferstehung; eingerollt wird sie mit den Zyklen der Manifestation gleichgesetzt. [...] Sie begleitet alle weiblichen Gottheiten und die Große Mutter [...] und hat dann die weibliche Charakteristika des Geheimnisvollen, Rätselhaften und Intuitiven, sie ist das Unberechenbare, das sich zeigt und plötzlich wieder verschwindet.«[22] In eingerollter Form hat sie Zugang zur Unterwelt und zur Finsternis und den aggressiven dunklen Kräften der Menschheit und symbolisiert in ihrer Aufrichtung zum Licht die aus sich selbst heraus erschaffene Gottheit. Mit ihrer Aufrichtung verbinden sich das Negative der dunklen Tiefen und das Positive des Lichtes miteinander.

Lilith tritt in der sumerischen, babylonischen und jüdischen Mythologie um 2300 v. Chr. auf. Lilith ist die Herrin der Unterwelt und Göttin des Todes, aber auch Königin des Himmels und der Erde. In Sumer ist sie der Wind- und Sturmgeist Lil, verwandt mit dem Luftgott En-Lil, der mutwillig zerstört und nicht zu fassen ist. Später wurde sie zur unheimlichen Dämonin der Nacht, die über Männer und Frauen, die allein schlafen, herfällt und erotische Träume und Orgasmen herbeiführt. Im jüdischen Sohar ist Lilith Adams erste Frau, die sich selbst als dem Manne gleichwertig betrachtet und sich Adam nicht unterwerfen will. Da sie flieht und allein in der Wildnis lebt, ist sie unfruchtbar und kinderlos und kann ihre sexuelle Freizügigkeit leben. Sie steht für die unwiderstehliche, unabhängige, dem Mann nicht unterworfene freie Weiblichkeit, die ihre Gelüste nach ungebundener, unverantwortlicher Sexualität und Macht freizügig auslebt. So wird sie zum Männerschreck in der jüdischen Tradition.

Der dritte Untermieter ist der *Anzu-Vogel.* Er gehört nicht der Unterwelt der Instinkte an, sondern dem Kopfbereich. Er steht in Verbindung mit Überheblichkeit und Hochmut sowie der Neigung, der Wahrheit und damit den Tatsachen nicht ins Gesicht zu schauen, sondern nur das Licht zu sehen und den Schatten nicht wahrhaben zu wollen.

Diese gewaltsam verbannten Lebensenergien wiederzubeleben, bedeutet, Mut zu harter Auseinandersetzung und Entschlossenheit gegenüber den Instinktwesen aufzubringen. Belohnt wird das Wiederbeleben dieser Lebensenergien aber auch mit einer zunehmenden Energiequalität. Unterstützung für diesen Weg erfährt Inanna in der Begegnung mit *Enki*, dem geistigen Vater der Wassertiefe und der Weisheit. In dieser Begegnung mit Enki erhielt Inanna die notwendigen göttlichen Gaben und Fähigkeiten des geistigen, religiösen und kulturellen Lebens. Vierzehn Gaben sind es an der Zahl: die Wahrheit über den Abstieg in die Unterwelt und die Rückkehr, die Liebeskunst, den Phalluskult, den Kult der Klagelieder, die Gabe, das Herz zu erfreuen und Urteil zu sprechen, die Künste und das Handwerk, das empfängliche Ohr, die Macht der Achtsamkeit, die Reinigungsriten, die Schreibkunst, die Ehrfurcht und die Fähigkeit, Entscheidungen zu treffen und die Erkenntnisse in vollkommener Weise zu gestalten. Dazu kommen die Fähigkeiten der weiblichen Künste: Erotik, Gewänder anzulegen, schönen Schmuck zu tragen, Trommeln und Tamburin zu spielen.

Enki, der bereits die Fähigkeit des feinen Horchens sowie des schamanischen Sehens beherrscht, weiß um die Schwingungsmuster Inannas. Er wusste bereits vorher, dass sie ihn besuchen wird. Mit der Übergabe der göttlichen Gaben der Weisheit an die würdige junge Inanna rettet sie diese Gaben aus den Wassern der unbewussten Tiefe und lässt sie dem bewussten Gebrauch der Menschen und ihrem gesellschaftlichem Wachstum zugutekommen. Auf weibliche Weise lässt sie die Weisheit sich vermehren und vollenden. Unterstützung erfährt Inanna auch von *Ninschubur*, der »Königin des Ostens«. Sie ist die reine, lichte und klare Energie des Himmelsfeuers. Sie ist die geistige Seite Inannas, ihr höheres Selbst, das ihr hilft, ihr Werk und damit sich selbst zu vollenden.

Die Heilige Hochzeit – Die Zeit der Fülle

Inanna ist im Hoch ihrer Vollmondphase, die Mondin in ihrer Fülle, als sie Dumuzi, ihrem Geliebten begegnet. Dem Mann ihres Herzens spricht sie ihr Verlangen aus. Er soll sie fruchtbar machen, ihren Leib und ihr ganzes Wesen. Ihr Verlangen und ihre Bereitschaft entzünden Dumuzis Energien, er blüht auf als »ein Blütenträger im Apfelgarten«. Sie erregen und stillen einander im Wechselspiel, männliche und weibliche Energie sind gleich stark und tauschen sich im Geben und Nehmen aus. Alle Sinne sind erwacht, und beide füllen einander völlig aus und tauschen ihre Schätze. Sie sind bei Vollmondlicht in einem Liebesrausch, der beide in luftige Höhen und Tiefen entführt und sie die Selbstkontrolle und den Boden unter den Füßen verlieren lässt, immer mit dem Wissen, dass die Zeit dafür nicht ewig ist.

Inanna versteht es, mit dem Fluten und Wogen von Gefühlen umzugehen. Sie taucht die Liebenden in die tiefsten Geheimnisse ein, so dass ihnen Hören und Sehen vergehen. Wie alle Liebesgöttinnen, verlangt sie vorbehaltslose Hingabe und völlige Versunkenheit und duldet nichts Halbes. Im Akt des Verschmelzens wird der geliebte Mensch mit einem überpersönlichen Glanz umkleidet. Hier wirken überpersönliche Kräfte, die Heilige Hochzeit, wenn sich König und Hohepriesterin verbinden. Und gerade diese Liebesverbindung zur Mondgöttin inspiriert und regt zu kultureller Kreativität an. Sie öffnet die inneren Augen und lässt den geliebten Menschen das Seelenlicht des Mondes erleben. Aus diesem Seelenlicht wächst wie die Vegetation auch die Kultur und die Kreativität sowie die spirituelle Hingabe. Die Heilige Hochzeit zeigt, wie der wunderbare Glanz der Mondin jemanden spirituell begeistern und zutiefst entflammen kann, die Mondin wird zur »inspirierenden Muse«. Ihre Atmosphäre ist es, wenn wir innerlich gelöst und empfänglich sind und uns der Freude hingeben, die den ganzen Menschen ergreift.

Der Weg in die Tiefe – Die Zeit der abnehmenden Energien

Die Lehre vom Hinabsteigen in das tiefste Innere, das Geläutertwerden in der Tiefe und das erleuchtete Erwachen als Lichtgestalt ist eine sehr zentrale Lehre, beispielsweise auch des Christentums. Jesus musste sogar ans Kreuz geschlagen werden, um die letzte Hürde des Loslassens zu nehmen und damit zu zeigen, was Hingabe bedeutet. Aber es gab bereits 3000 Jahre zuvor eine weibliche Zentralfigur des sumerischen-mesopotamischen Pantheons, Inanna, die den Initiationsritus und damit den *Gang in die Unterwelt* durchmachte. Viele verschiedene Mythen erzählen von den unterschiedlichsten Beweggründen, warum Inanna diesen *Gang in die Unterwelt* antrat. Sie hatte als Königin »des Großen Oben« doch alles erreicht. Was treibt Inanna aus der Welt der Lebensfülle und des Lichtes hinunter in die Gegenwelt der tödlichen Einsamkeit?

Als oberste Göttin symbolisierte sie das gebärende Element, war Ausdruck der Liebe und der Fruchtbarkeit von Mutter Natur und somit Sinnbild für den Ursprung des Lebens. Und dennoch trieb sie die Sehnsucht in die Unterwelt. Eine Vision erzählt, dass sie einem inneren Ruf folgte, der aus dem Mund der Unterwelt selbst kam, nämlich von ihrer Schwester Ereschkigal. War es der Ruf Ereschkigals, endlich gehört, gesehen und respektiert zu werden und an dem Leben von Inanna Anteil haben zu dürfen? Eine andere Vision erzählt davon, dass sie ihren Geliebten, den Hirten Dumuzi, aus der Unterwelt heraufholen wollte. Dumuzi war der Geliebte, mit dem sie das ganze Potential, die Macht, die Wirksamkeit und Heiligkeit ihrer sexuellen Kraft leben konnte. Seitdem sie diese sexuelle Kraft in der Oberwelt nicht mehr leben konnte, welkten die Blumen und die Tiere und die Menschen hörten mit der Liebe auf, die Fruchtbarkeit auf Erden erlosch.

Aus diesem Grund trat Inanna freien Willens und in völliger Hingabe den Gang in die Unterwelt an. Den Weg dorthin kann man wie die Etappen eines Übergangsrituals in drei Stufen sehen: *Trennung und Abschied von der oberen Welt, Überschreiten der Schwelle zur unteren*

Welt und Erleiden des Todes. Es ist ein einsamer und gefahrvoller Weg, den nur wenige gehen. *Abschied* musste Inanna von ihren heiligen Stätten nehmen, von ihrem Amt als Hohepriesterin des Himmels, vom Palast und ihrem Gemahl wie von den beiden großen Söhnen, die sie als Verwalter ihrer Tempel einsetzte. Dieser Abschied von der oberen Welt schaffte ihr den emotionalen Abstand zum Alltäglichen, um ihn später aus einer anderen Sicht wieder neu zu bewerten.

Die einzige Zeugin und Mitwisserin dieser Reise in die Unterwelt war Ninschubur. Sie erhielt Anweisung, bei wem und wie sie Hilfe suchen solle, wenn Inanna nach drei Tagen und drei Nächten nicht zurückgekehrt sei. Auf dem Weg in die Unterwelt musste Inanna an *sieben Unterwelttoren* Insignien ihrer Macht ablegen, es waren die Attribute und Kräfte der Himmelskönigin. Diese dienten ihrem Schutz, sie bedeckten ihre *sieben Energiezentren* von Kopf bis zu den Füßen. Nacheinander waren es Krone und Obergewand, Ohrgehänge, Halskette, Brustschmuck, Edelsteingürtel, Spangen von Händen und Füßen und Untergewand, bis sie nackt, von Kopf bis Fuß entblößt und sämtlichen Schutzes entledigt vor ihrer Halbschwester Ereschkigal, der Göttin der Unterwelt, stand.

Dieses Entblößen ist wie ein *Grenzübertritt,* von nun an galten die Gesetze der Unterwelt. »Ereschkigal ist die Wurzel aller bewegten und unbewegten Dinge, wo Energie und Bewusstsein noch schlafen. In ihr liegt das potentielle Leben noch bewegungslos, aber schon in den ersten Geburtswehen, jenseits jeder Sprache und ihrer Unterscheidungen und doch schon im Urteilen und Handeln begriffen. [...] Sie rast vor Wut, Gier, Angst vor Verlust bis hin zur Selbstverachtung. Sie symbolisiert [...] rohen Instinkt, der vom Bewusstsein getrennt ist.«[23]

Dies sind Aspekte, die einen gefährlichen Abgrund, vergleichbar mit einem schwarzen Loch, einem hoffnungslos leeren Gefühl der Nutzlosigkeit, der Leere, des Verlustes, der abgrundtiefen Qual, des Leidens und der Hilflosigkeit und den Verlust der Individualität erzeugen können, in dem aber auch die Energie transformiert und umgekehrt wird. Zu diesem Zustand gehören Verwesung und Verfall. Gebeugt und armselig betritt Inanna das Reich Ereschkigals. Sie wird gefragt und geprüft, es wird schonungslos hingesehen, um sie mit der innersten Wahrheit zu konfrontieren. Sie wird mit sechzig Krankheiten geschlagen. Inanna erkennt, dass sie gegen ihre Halbschwester beziehungsweise gegen ihre tiefsten dunkelsten, wildesten und abgründigsten Wesensanteile und besonders gegen das »Auge des Todes« keine Chance hat. Jahrelang hatte sie auf Kosten ihrer Schwester ihr Leben in Fülle gelebt. Nachdem Inanna die Macht ihrer Halbschwester Ereschkigal anerkannt hat, wird sie von dieser getötet und als verrottendes Stück Fleisch auf einen Haken an die Wand gehängt.

Nach drei Tagen ***(Zeit der Leere)*** hebt ihre Weggefährtin Ninschubur einen Klagegesang an und bittet die anderen Gottheiten um Hilfe. Doch diese haben großen Respekt vor der Macht der Unterwelt und lehnen es ab, zu Hilfe zu kommen. Lediglich ihr wahrer geistiger Vater, Enki, erbarmt sich Inannas schließlich, beauftragt unscheinbare geschlechtslose Hilfsgeister, die Fliegen, die mit der Göttin der Unterwelt verhandeln sollen. Er gibt ihnen für Inannas Rückweg in das Reich des Lebenden die Speise des Lebens und das Lebenswasser mit. Das Verhandlungsgeschick der Fliegen erreicht Erstaunliches: Ereschkigal fühlt sich erstmals verstanden und will sich dankbar erweisen. Sie gibt den Leichnam von Inanna heraus. Eine für sie sonderbare Handlung, die bereits etwas in ihr in Bewegung gebracht hat.

Ereschkigal verlangt aber, dass jemand anderes den Platz von Inanna einnehmen müsse. Nachdem Inanna bei ihrer Rückkehr ihren Geliebten Dumuzi mit den Zeichen ihrer Macht geschmückt auf dem Thron sitzen sah, befiehlt sie den Dämonen, ihn mitzunehmen. Doch schon bald bemerkt die Göttin, dass sie ohne ihren Gatten die Welt nicht mehr befruchten kann, die Ernten bleiben aus, die Frauen gebären nicht mehr, die Flüsse trocknen aus. Es wird ein Kompromiss gefunden: Jeweils für ein halbes Jahr soll Dumuzi durch seine Schwester in der Unterwelt abgelöst werden, damit die Welt neu erblühen kann. Dumuzi repräsentiert damit den ständigen Wechsel des Vergehens (Herbst) und der Wiedergeburt (Frühling).

Inanna verkörpert als Gebieterin den ewigen Zyklus zwischen Ober- und Unterwelt, sie reist als Göttin über Leben und Tod. Das Hinabsteigen in das eigene tiefste Innere, in die eigenen Abgründe, und das Ablegen jeglicher äußerer Erscheinungen (hier das Ablegen der Kleider, des Schmucks und der Insignien) und zuletzt das Sterben der eigenen Identität bis hin zur völligen Leere und Sinnentleertheit symbolisieren das absolute Loslassen und im Loslassen ein Neu-erschaffen-Werden. Inanna vollzog diesen unerbittlichen Initiationsritus zur Heilung, zur Integration und zum Wachstum der weiblichen Seele. Mit ihrem Abstieg und der unterstützenden Hilfe ihrer Weggefährtin Ninschubur, der väterlichen Weisheit Enkis und den Hilfsgeistern, den Fliegen, hat sie dem Bewusstsein den Weg gebahnt, um die unbekannte, bedrohliche Tiefe des Unbewussten und Verdrängten allmählich zu erforschen und aus der Klammer der Todesstarre zu befreien. Beide Bereiche, sowohl die untere als auch die obere Welt, können sich nun gegenseitig befruchten und neues Wachstum hervorbringen.

Wenn Frauen Ähnliches passiert im Alltag, wenn ihnen ganz und gar der Boden unter den Füßen weggezogen wird und sie bis auf das letzte Hemd nackt ausgezogen werden, wenn sie nirgends Halt finden, wiederholt sich dieses Drama von Inanna und Ereshkigal. Sie werden mit den tiefgründigsten, dunkelsten Anteilen ihrer Seele und dem »kleinen Tod« konfrontiert. Aber gerade in diesem Aspekt gibt Inanna die Kraft und die Stütze, ihre bisherige Identität und die damit geprägten Glaubenssätze in Frage zu stellen und all jenes loszulassen, was sie am eigenen Dasein gehindert hat oder ausgenutzt wurde, um aus sich selbst heraus neu erschaffen zu werden. Inanna unterstützt Frauen dabei zu erkennen, wo sie sich von ihrem wahren Wesen, von ihrer hellen, lustvollen und selbstbestimmten Persönlichkeit entfernt haben. Sie gibt damit die Chance, aus einem harten Initiationsprozess beim Abstieg in die Unterwelt geläutert und klarer hervorzugehen, aber in diesem Prozess auch eine Zeit der Traurigkeit und der schmerzhaften Erkenntnis über die ignorierten, vergessenen und verleugneten Hoffnungen, Sehnsüchte und Träume zu erfahren. Und so wird mit Inannas Erleben in der Ober- und Unterwelt der Charakter der Wandlungen des Weiblichen deutlich. Wandlungen, die wir mit der Wandlung der Mondin immer wieder rhythmisch miterleben dürfen.

Das lebendige Gold – Die sichtbaren Schätze einer Verwandlung

In der Tiefe geläutert und aus sich selbst erwacht, ist die weibliche Göttin Inanna die unersättliche, begehrenswerte, lustbetonte, die in immer neuer Liebe erglühende, unabhängige, freizügige und nicht zu bindende Liebhaberin. Sie fordert die Frauen auf, gut für sich selbst zu sorgen, mit ihren Begierden Freundschaft zu schließen, all jene Hindernisse aus dem Weg zu räumen, die das Vorankommen hindern und vor allem, ihre Lust als göttliches Prinzip uneingeschränkt zu leben. Sie ist sexuell selbstbestimmt und lässt sich durch niemanden zu Entscheidungen zwingen. Sie verweigert allerdings auch nicht ihre Leidenschaft für einen Mann, dennoch bleibt sie wie eine göttliche Jungfrau unberührt, weil ihre Würde und Eigenständigkeit unantastbar sind und sie niemandem gehört. Sie ist im wörtlichen Sinn all-eine.

Mit der Lust ist auch die Fruchtbarkeit gesichert. Zurückzuführen ist dieser Mythos auf das intensive Liebesleben und die Heilige Hochzeit zwischen Inanna und dem Hirtenkönig Dumuzi. Als sinnesfreudige und leidenschaftliche Liebhaberin und Göttin der Liebe stellt sie damit ein erfülltes Sexualleben über die Fruchtbarkeit, das heißt über die Zahl der von ihr geborenen Kinder. Als Göttin der sexuellen Liebe preist sie die Wonnen der Liebe, »ruft ihren Geliebten zu sich, ihren ›honigsüßen Mann‹ [...] sie lädt ihn ein, ihren ›heiligen Schoß‹ und ihre ›lebenspendenden Zärtlichkeiten‹ zu genießen und mit ihr die Süße sexueller Liebe [...] zu teilen [...] sie fleht, fordert, nimmt und zerstört, leidet und erfindet immer neue Klagelieder. Sie weckt nicht so sehr das Begehren an sich, sondern verlangt selbstbewusst die Befriedigung ihrer Wünsche und feiert dabei singend ihren eigenen Körper. Ihre Empfänglichkeit ist aktiver Natur.«[24] In der geschlechtlichen Vereinigung lässt sie ihren Angebeteten die erneuernde Kraft des Göttlichen zuteilwerden.

Inanna verkörpert den verspielten, eigenwilligen, ungezähmten und wilden Gefühlsbereich des Weiblichen. Sie lebt damit aber auch das Wissen um die Macht, die Wirksamkeit und die Heiligkeit der sexuellen Kraft. Sie verführt wie Aphrodite im ägäischen Raum, sie spielt und tanzt wie Artemis, sie zivilisiert wie Vesta und bemuttert wie Demeter. Sie kann als Athene Kultur und Kunstfertigkeit fördern oder wie Maria trösten und dem Elend abhelfen. Sie kann aber auch als Herz der Schlacht zur furchterregenden Löwin und zur rasenden Kriegsherrin werden und alles mit ihrer Macht verschlucken. Sie erfährt das Leben in seiner Ganzheit und erlebt in allen Bewegungen die göttliche Berührung. Durch ihre feinfühlige Beziehung zum eigenen Leib und durch ihre empfängliche Beziehung zu den Bewegungen des organischen Lebens kann sie auch die Stimmen der Natur hören und leiblich spüren. Darin befruchtet sie die Seele zu immer neuer Kreativität. Inanna bringt den Frauen die Botschaft, dass erotische Hingabe und sexuelle Erfüllung eng mit Spiritualität verbunden sein kann.

5
Die Wandlung mit den Elementen

Die großen Urkräfte, die das schöpferische Leben sowohl unterstützen als auch zerstören können, sind die vier Elemente (oder Wandlungsphasen) Wasser, Feuer, Erde und Luft. Diese vier Elemente bilden auf der stofflichen Ebene den materiellen Grundstoff unseres Daseins und des Daseins der Erde. Sie sind in ihrer stofflichen Form in der Natur draußen wie auch in unserer inneren Natur sichtbar und formen und gestalten Strukturen, um über die Struktur ihre Wirkkraft zum Ausdruck bringen zu können. Die Menschen nutzten früher das Potential der Elemente, um auf natürlichem Weg ihre Energien zu gewinnen. Heute werden die Energien der Elemente für wirtschaftliches Wachstum beliebig benutzt und ausgebeutet, sie werden als selbstverständlich genommen, um sich übermäßig an ihnen zu bedienen. Der Respekt und die Wertschätzung und damit das Achten ihrer Grenzen ging verloren. Erst bei Naturkatastrophen, wie großen Überschwemmungen und Flutwellen, lang anhaltender Trockenheit und Dürre, Waldbränden, Vulkanausbrüchen und Erdbeben sowie Stürmen wächst wieder der Respekt und die Achtung vor ihrer Größe und Dynamik.

So können sie in Zeiten permanenter Grenzüberschreitung und achtloser Nichtwertschätzung bedrohlich und zerstörerisch wirken. Und gleichzeitig können sie in Zeiten ihres intensiven Erscheinens und Wirkens wegweisend und unterstützend für eine Neuorientierung und für eine Veränderung oder eine Wandlung im Leben sein. An den damit vermittelten Botschaften wird erkennbar, dass das Wirken der Elemente auf mehreren Ebenen geschieht. Da ist zum einen das sichtbare Stoffliche der Elemente, das mit unseren Sinnen erfahrbar ist, zum anderen aber auch ihre emotionale und ihre geistige Ebene, das Feinstoffliche der Elemente, das ebenso wahrnehmbar ist. Das Feinstoffliche der Elemente spüren wir allerdings erst, wenn wir uns bewusst und wertschätzend und mit einer respektvollen inneren

Haltung auf die Energetik der Elemente einlassen, um ihre wahre Energie und ihre Kraft in uns selbst wahrzunehmen. Wenn unsere geistige Ausrichtung auf diese reine Energie eines Elementes gerichtet ist, erfahren wir das Wesentliche dieses Elementes. In diesen Momenten sind sie als reines Wesen spürbar, weder gut noch schlecht, sondern einfach so, wie ihre wahre und echte Natur ist.

Diese Begegnung mit dem Element kann sowohl draußen in der Natur als auch in dir erfahren werden. Es geht um ein Bewusstwerden und Wertschätzen ihrer Kräfte in uns genauso wie außerhalb von uns. Es geht um das achtvolle Miteinander aller Kräfte, um so ein Fließgleichgewicht herzustellen. In der Natur draußen bedeutet ein Fließgleichgewicht der Elemente, extreme Zustände der Erstarrung (Erde), des Überschwemmens (Wasser), der Austrocknung (Feuer) und der Verwirbelungen (Luft) auszugleichen. Ein Gleichgewicht der Elemente in uns bedeutet, extreme Zustände des Festhaltens und Erstarrens (Erde), ein emotionales Wegfließen und Überschwemmen mit Gefühlen (Wasser), ein sich verlierendes Übermaß an Aktivität (Feuer) oder ein gedankliches Wegdriften in andere Ebenen (Luft) auszugleichen. Wenn wir ein Ungleichgewicht spüren, können wir das Element um Unterstützung bitten, um Eigenschaften und Qualitäten in uns zu wecken oder uns wieder an sie zu erinnern, um sie in den Fluss der Energien zu integrieren und das Gesamtsystem zu stärken.

Dazu ist jedoch eine respektvolle und tiefe Verbindung zu der Energie des Elementes herzustellen. Je tiefer wir uns der Verbundenheit mit den Elementen im Körper und in der Natur draußen bewusst werden, desto intensiver werden wir ihre Wirkung erfahren. So können wir ihre Energie schöpferisch nutzen, um Heilungsprozesse zu unterstützen. Meist wird bereits offen, teilweise aber auch verschlüsselt in Symbolen, magischen Werkzeugen, Tiergestalten, geometrischen Zeichen oder Märchen und Mythen die feinstoffliche Ebene der vier Elemente genutzt, auch Religionen tun dies, und viele Schamanen nutzen ihre heilenden Kräfte.

Der Befreiungsprozess des Wassers

Um Heilungsprozesse zu unterstützen, ist es ratsam, die Gesetzmäßigkeiten des Wandels im Mikrokosmos sowie im Makrokosmos zu erkennen und nachzuvollziehen. Im Einklang mit den natürlichen Rhythmen zu sein und nichts zu tun, was diesen Schwingungen zuwiderhandelt, bedeutet, in spontaner Resonanz mit der natürlichen Umgebung zu sein. Das bedeutet aber auch, nicht einzugreifen und nichts zu tun, sondern nur die Naturgesetze zu beachten. Dann ernähren, unterstützen und kontrollieren sich die Naturwesen, die Jahreszeiten, die Konstellation der Planeten und Sterne sowie die Elemente gegenseitig.

Wenn etwas nicht mehr im Energiefluss ist und in der Natur draußen oder in unserer Natur in uns wütet und tobt und schließlich krank macht und zum vorzeitigen Tod führt, wird nach der Traditionellen Chinesischen Medizin die Mutter genährt, damit diese instinktiv ihr Kind nähren kann. Wenn die Menschen Kinder von Mutter Erde sind, wäre es gut, die Erde zu unterstützen, damit ihre Kinder gut gedeihen. Wird die Erde immer weiter ausgebeutet und energetisch geschwächt, wäre es gut, das Wasserelement als das gebärende Fruchtwasser und als das weibliche Urmeer des Lebendigen zu unterstützen. Deshalb beginnt meine nachfolgende Betrachtung mit dem Element (und der Wandlungsphase) Wasser, damit es im Makrokosmos wie auch im Mikrokosmos Unterstützung erfährt.

Der Natur des **Wassers** entspricht das ewig Weibliche, das als Mutter aller Dinge alles Leben gebiert und seine Wohltätigkeit immerwährend selbstlos verteilt. Das Wasser ist nachgiebig, nimmt jede Form an, sickert durch die feinsten Poren, seine spiegelähnliche Oberfläche reflektiert die Dinge der Natur.[25] Das, was von allen Dingen am nachgiebigsten ist, kann das Härteste überwinden. Formlos kann es selbst in die kleinsten Zwischenräume eindringen.[26] Es gibt nichts auf der Welt, das weicher und schwächer ist als das Wasser, und doch gibt es nichts, was dem Harten und Starken derart zusetzen kann.[27]

Im Buch der Wandlungen, Yijing, wird mit dem Wasser das Abgründige und das Stillhalten verbunden. Das Abgründige ist vergleichbar mit der Talschlucht. Das Wasser scheut keine Mühe, es kommt von oben und fließt zu den tiefsten Stellen nach unten und sammelt sich dort. So ist der Winter im Jahreslauf und die Mitternacht im Tageslauf die Zeit der Sammlung. In der Sammlung und dem Stillhalten beginnt bereits ein neuer Anfang, dessen Symbol der Berg ist. Das Abgründige, das Sterben und der Tod sowie das Sammeln, das Aufstehen und das Leben sind die Gedanken, die den Übergang vom Alten in das Neue des Wasser-Elementes auslösen.[28]

Wie in jeder anderen Wandlungsphase, finden wir auch im Wasser die Polarität von produktiv und destruktiv. Das Wasser ist nass, es erfrischt und befeuchtet die Pflanzen und löscht den Durst der Tiere und Menschen. Es kann destruktiv die Deiche brechen und das Land überfluten und zerstören. Sturmfluten und Überschwemmungen erzeugen panische Angst im Menschen, da durch sie Erinnerungen an Geschehnisse wach werden, die die Existenz bedrohten. Unsere Sprachbilder zeigen das Bedrohliche, wenn wir sagen: »Das Wasser steht mir bis zum Hals« oder »Die Wogen schlagen über mir zusammen« oder »Von Emotionen überflutet und überschwemmt«. Leben und Tod stehen hier eng beieinander. Und dennoch ist Leben ohne Wasser nicht denkbar:

Der Mensch ist weich und schwach, wenn er geboren wird, hart und starr, wenn er stirbt. Gräser und Bäume sind weich und saftig, wenn sie entstehen, dürr und hart, wenn sie vergehen. Das, was fest und hart ist, gehört zum Tode, das, was weich und nachgiebig ist, gehört zum Leben.[29]

Genauso wie die Wandlungsphase Wasser in der Natur wirkt, wirkt sie auch im Menschen. Wir haben Meere, Seen, Reservoire, Teiche, Flüsse, Quellen des Lebens. Die Leitbahnen von Qi und Blut werden in der Chinesischen Medizin mit Flüssen und Wasseradern verglichen. Die westliche Medizin spricht vom zirkulierenden Blutkreislauf- und Lymphsystem. Wasser ist Lösungs-, Transport- und Schmiermittel. Es nimmt überall im Körper Abfallstoffe auf, verhindert Stagnation und ermöglicht Beweglichkeit, Frische und Fließfähigkeit im Organismus. Das Wasser versorgt jede Zelle mit den notwendigen Nährstoffen und Informationen. Die Sekretion der Drüsen, der Verdauungsprozess, die Befeuchtung der äußeren Körperöffnungen und der inneren Strukturen erfordern Wasser. Die Temperaturkontrolle des Körpers durch den Schweiß, die Schmierung der Gelenke, die intrazellulären Flüssigkeiten als Medium für den Stoffaustausch sind weitere Beispiele für die lebensnotwendige Rolle des Wassers. Leben bedeutet freies Zirkulieren der Säfte.

Stagnation, Überschwemmung oder Austrocknung der Flüssigkeiten führen zur Krankheit und letztendlich zum Tod. Wenn das Wasser in uns nicht im Gleichgewicht ist, können Störungen auf den verschiedensten Ebenen entstehen: *Körperlich:* trockene rissige Haut, brüchige Knochen, allgemeines Gefühl des Ausgetrocknet- oder des Aufgeschwemmtseins, starker Durst, Ödeme, Wassersucht, Miktionsstörungen, Bettnässen, Harnverhalten, übermäßiges Schwitzen und Schweißlosigkeit, Arthrosen und vieles mehr.

Energetisch: irrationale Ängste, Phobien, von Gefühlen überflutet werden oder emotionslos und kalt sein, nicht loslassen können, Gefühle der Leere und inneren Dürre, ausgebrannt sein und vieles mehr.

Geistig: Gedankenflut oder mangelnder Gedankenfluss, Konzentrationsschwäche, Gedächtnisschwäche, Humorlosigkeit, Altersdemenz, Alzheimer, schwere Geisteskrankheiten, Starrsinn.

Organisch präsentiert sich die Wandlungsphase Wasser durch ihr Funktionsgespann Niere und Blase. Beide stehen in einer Innen-außen-Beziehung und verhalten sich wie Yin und Yang. Die Niere ist der Yin-Aspekt der Blase, die Blase der Yang-Aspekt der Niere. Wie der Winter in der Natur, herrscht die Niere in der Tiefe und zeigt die deutlichste Präsenz des Yin in der Tiefe der Nacht, im Winter und in der letzten Phase unseres Lebens. Die Energiequalität des Yin-Aspekts des Wassers ist Struktur und Speicherung, Ruhe und Rückzug, überlegter Krafteinsatz sowie stilles und müheloses Wirken im Lassen, das aus sich selbst heraus entsteht. Sie trägt die Erbsubstanz und die kollektiven Erinnerungen, deren Qualitäten entdeckt und gefördert werden wollen. Die Wurzeln sind die Grundlage für neues Wachstum.

Betrachten wir die Energetik der Niere noch tiefer, erkennen wir auch im Yin wieder einen weiblichen Yin-Aspekt mit der unmittelbaren und tatsächlichen Speicherung von Energien sowie einen männlichen

Yang-Aspekt in der aktivierten Erbenergie, die für jede Aktivität im Körper der Zündfunke ist. Andere Theorien sprechen von der linken Niere als Wasser-Niere und der rechten Niere als Feuer-Niere. Insgesamt ist die Energetik der Niere sowohl mit ihren weiblichen als auch mit ihren männlichen Qualitäten Kraftreserve und Fundament für alle Lebensäußerungen.

Das Bindeglied zwischen den beiden Nieren ist *Ming Men*, das Lebenstor. Ming Men stellt eine grundlegende energetische Struktur dar, die, einem himmlischen Auftrag vergleichbar, das ganze Leben besiegelt und auch den Tod festlegt. Schicksalhaft werden wir durch Ming Men geboren und sterben, wenn das letzte Quentchen Essenz verausgabt ist. Es liegt an uns, ob wir unsere Lebensspanne vollständig erfüllen oder durch exzessive Verhaltensweisen, die die Energie der Niere vorzeitig verbrauchen, frühzeitig sterben. Laozi sagt im Vers 6 dazu: »Den Shen (das Bewusstsein) nähren heißt, nicht zu sterben. Dies nennt man das geheimnisvolle Weibliche. Das Tor zum geheimnisvollen Weiblichen ist die Wurzel von Himmel und Erde. Unaufhörlich und unendlich ist es vorhanden, mühelos sollst du es nutzen.«

Die Kontrolle der Körperflüssigkeiten übernimmt mehr der Yang-Partner Blase. Sie kontrolliert die Menge und die Qualität der vorhandenen Körperflüssigkeiten und entscheidet, wann und wie viel von den Vorräten herausgegeben werden kann, so dass keine Region des Körpers überschwemmt wird oder austrocknet. Rückstände werden als Reserven bewahrt. Die Blase sorgt dafür, dass alles im Fluss bleibt und wie geschmiert abläuft. Zudem transformiert die Blase aus den Flüssigkeiten Qi, welches sich seiner Funktion entsprechend im Körper entfalten kann.

Akupunkturpunkte der Wandlungsphase Wasser beziehungsweise ihrer Leitbahnen drücken auch in ihrer Punktebezeichnung die Eigenschaften ihrer Energie aus, zum Beispiel Niere 1 (Yong Quan = Sprudelnde Quelle, Jing-Brunnenpunkt) unter der Fußsohle. Wie aus einer Quelle sprudelt hier die Energie aus der Tiefe der Erde in den menschlichen Mikroorganismus, wirkt wiederbelebend bei totaler Erschöpfung und Bewusstlosigkeit, beruhigt den Geist und nährt das Yin.

Niere 2 (Ran Gu = Flammendes Tal, Ying-Quellenpunkt) ist die Talschlucht, ein Symbol für das fließende Wasser, das befruchtet, ernährt und in Flüssen und Strömen fließend auf der Erde alles Leben veranlasst. Niere 3 (Shui Quan = Wasserquelle, Shu-Bachpunkt) weist als Xi-(Spalt)-Punkt auf Energiereserven hin, die über diesen Punkt mobilisiert werden können. Xi-Punkte liegen in kleinen Gruben oder Vertiefungen, in denen sich das Qi und Xue jeder Leitbahn konzentriert. Niere 6 (Zhao Hai = Leuchtendes Meer oder Meer der Erleuchtung) ist ein Hinweis darauf, Aufhellung beziehungsweise ein Leuchten in eine gedrückte Stimmung zu bringen. Niere 7 (Fu Liu = Wiederkehrende Strömung, Jing-Flusspunkt) gibt Hinweis auf seine wiederbelebende Wirkung. Niere 8 (Jiao Xin = Wechselseitiges Vertrauen) versucht, verlorengegangenes Vertrauen in sich und andere wiederaufzubauen. Bei Niere 10 (Yin Gu = Tal des Yin, He-Meer-Punkt) fließt der Strom des Wassers ins Meer und geht in die Tiefe. So ist diese Punktfolge auf dem Nieren-Meridian übertragbar auf alle Bein- und Armmeridiane, die an den Zehen- oder Fingerspitzen beginnen, zunehmend breiter und tiefer werden und schließlich an den Knien oder Ellenbogen enden. Dieser Teil des Meridians ist jener Teil des Körpers, der mit der Umwelt, speziell mit den Jahreszeiten sowie deren klimatischen Einflüssen von Kälte, Nässe und Wind in Verbindung steht. Der Qi-Fluss wird dabei mit einem Flusslauf verglichen. Die Punkte nennen sich die Fünf Antiken Punkte. An der Zehen- beziehungsweise Fingerspitze liegt der Jing-Brunnen-Punkt, der am oberflächlichsten auf der Leitbahn liegt und mit der Außenwelt in Verbindung steht. Der zweite Meridianpunkt ist der Ying-Quellen-Punkt, in dem das Qi dynamisch und kraftvoll seine Wirkung zeigt. Der dritte Punkt ist der Shu-Bach-Punkt, ein Transportpunkt, um Energien in die Tiefe zu transportieren. Der vierte Punkt heißt Jing-Flusspunkt. Die Energie fließt hier wie ein großer breiter und tiefer Strom in die Tiefe. Der fünfte Punkt ist der He-Meer-Punkt, an dem die Energie langsam nach innen und tiefer in den Körperkreislauf fließt.

Das Wasser zeigt sich in unterschiedlicher Menge und Intensität im Körperland. Und immer durchdringt es den Körper und ist mit der Seele des Menschen und dem Weltenbaum vergleichbar. Verwurzelt in der Tiefe, hat das Wasser, so wie der Baum, Verbindung mit den

Abgrundtiefen des Unbewussten, mit den Weisheiten und der Quelle. Es durchläuft die Zeit, wird größer und intensiver und erfährt dabei Entwicklungs- und Wandlungsprozesse. So geschehen alchimistische Prozesse, in denen die ursprüngliche Energie synthetisiert wird und in einer dem Unbewussten unterstellten Wandlung zu neuer Einheit und Formierung gelangt. »Der Geist der Tiefe stirbt nicht, das ist das ewig Mütterliche, das ewig Weibliche. Endlos drängt sich's und ist doch wie beharrend«, so Laozi.

Die Energie des Wassers und des Blutes speichert und transportiert damit die unbewussten Informationen der eigenen Lebensgeschichte, der Erlebnisse der Seelenbiographie sowie das Erleben der Erde. Häufig verunreinigen alte Ängste, Misshandlungen und Vergiftungen jeglicher Art die Energetik der Körperflüssigkeiten. Es sind die unbewussten Themen aus der Vergangenheit, die der Frau, ungewiss und bedrohlich, die Gegenwart zur Hölle machen. Diese Gefühle und Gedanken kommen in den Zeiten des Yin an die Oberfläche, beispielsweise, wenn die Frau alleine ist und die vielen Gedanken sie nachts nicht einschlafen lassen. »Die Nieren erwecken das zum Leben, was schläft und von der übrigen Welt abgeschlossen ist. Bei ihnen handelt es sich um den Ort, an dem die Ausscheidungen gelagert sind«, so die Aussagen dazu im Su Wen, Kapitel 9. Hier liegt jenes, was abgetrennt und ausgeschlossen wurde, was existenziell und bedrohlich erscheint und an den vertrauten Gewohnheiten rüttelt, was die alten Strukturen und Sicherheiten in Frage stellt, was die Frau nicht in ihre weibliche Kraft bringen lässt.

Viele langandauernde Belastungen aus der Vergangenheit brauchen die Reserven der Frau auf und verausgaben ihre Essenzen. Dazu kommt eine unzureichende Versorgung mit »Nachschub« über die Aufnahme von Energie aus der Umwelt. Der Frau fehlt die nährende Verbindung mit der Erde. Es mangelt ihr an Stabilität und Rückhalt, sie steht nicht mit beiden Beinen auf der Erde, sondern ist in körperlicher wie in emotional-geistiger Hinsicht verunsichert. Es passiert dasselbe wie mit einem Baum, dessen Wurzelwerk vermodert oder verdorrt ist: Er verliert seine Stabilität, er fängt an, in der Erde zu wanken, bis er schließlich zerbricht.

Die Verbindung mit der reinen Energetik des Wasser-Elements nährt das Essentielle, das Feine, das Reine, das Wesentliche, die Grundsubstanz, die allen energetischen Prozessen ihren Grund gibt. Das Wasser-Element ist das Struktivpotential oder der Same des Lebens, es hat die Möglichkeit, Form zu werden und wahrnehmende Wirkungen zu entfalten. Es ist das weibliche Fundament für die grundlegende Energetik und Funktion im Menschen.

Meditation

Der Flusslauf des Lebenswassers

Lege dich bequem und entspannt hin, die Beine sind leicht geöffnet. Lass die Füße in eine entspannte und natürliche Haltung fallen. Deine Arme sind seitlich von dir und liegen entspannt auf der Unterlage auf. Schließe deine Augen, um die Aufmerksamkeit von allen äußeren Dingen zu lösen und den Blick nach innen zu richten ... nach innen zu den inneren Bewegungen ... zu den Bewegungen deiner Gedanken und Gefühle sowie den inneren Bewegungen deines Atems.

Folge dem Flusslauf deines Atems. ... Atemwelle für Atemwelle ... ein Kommen und Gehen und wieder ein Kommen und Gehen ... Fließe mit der Atemwelle abwärts in die Tiefen deiner unteren Körperlandschaften. Fließe mit der Atemwelle durch den Brustkorb ... in den oberen und schließlich in den unteren Bauch ... fließe in die Beckenschale hinunter.

Mit jeder Atemwelle etwas tiefer ... tiefer, um den eigenen leiblichen Tiefen des Unterleibs näherzukommen. ... Und so atme bis hinunter in die Tiefen der Beckenschale. Lasse in der Tiefe der Beckenschale die Energie des Atems kreisen. Kreise am Innenrand der Beckenschale, kreise mit dem Verlauf der Uhr, kreise mit dem Lauf der Zeit, ein Kreisen, das die Energie des Unterleibs in konstruktiver Weise unterstützt...

Kreise, auch wenn der Kreis vielleicht nicht immer ganz rund läuft. Es ist das stetige Kreisen, mit dem das Weiche das Harte überwinden kann, in dem Festes und Verhärtetes aufgeweicht und damit durchlässiger und weicher wird. Es ist das stetige Kreisen in der Beckenschale, das ein stetiges Fließenlassen und In-Bewegung-Bringen sowie ein Loslassen unterstützt. Lasse die Energie deines Atems mit jedem Kreisen in die Beckenschale hineinfließen. ...

Und während die Schale deines Beckens mit dem Fließen der Atemwelle stetig genährt wird, geht deine Aufmerksamkeit nach unten in die Tiefen deines Beckenbodens. Spüre auch hier die Bewegungen deines Atems, die deinen Beckenboden mit dem Einatmen nach oben bewegt und mit dem Ausatmen nach unten absenkt. Es entsteht atmend eine Pumpbewegung, die die Energie des Einatmens von unten in die Beckenschale hineinpumpt und im Ausatmen den Beckenboden verschließt und verdichtet, um die aufgenommene Energie in der Beckenschale zu bewahren.

Lasse diese aufgenommene Energie in das stetige Kreisen am Innenrand der Beckenschale mit einfließen. Bewahre und nähre so die Energie deiner Schale im Unterleib und verdichte sie mit jedem Ausatem, um nichts zu verlieren.

Kreise, Kreise und kreise, um dich zu nähren und dich aufzufüllen und aus einer vollen Beckenschale zu schöpfen. Stelle dir einatmend auch vor, wie du gleichzeitig über die Quellpunkte deiner Füße Energie aufnimmst, sie durch das Mark deiner Knochen die Füße und Beine entlang nach oben in die Beckenschale bewegst, um dort loslassend die Schale des Beckens zu füllen und in das Kreisen am Innenrand mit einzubeziehen.

Es ist ein stetiges Fließenlassen und Verbundensein mit den Quellpunkten der Füße und den Tiefen der Beckenschale, die ein Füllen und Nähren der Beckenschale und damit insbesondere das Wasser-Element in dir unterstützt. Es ist das Wasser, das im stetigen und beständigen Fließen das Harte abträgt, aufweicht und ausspült und dich reinigt. Es ist das Wasser, das auch in der Stille und in der Tiefe, im Verborgenen und im Nicht-Sichtbaren weiterfließt und auch an engen Stellen immer wieder einen erlösenden Weg findet. Es ist das Wasser die Quelle der Weisheit und der Klarheit, die Geheimnisse aus den Tiefen hoch zu holen und wieder zu entdecken. Es sind die unbewussten Tiefen des Wassers mit seinen vergessenen Schätzen. Es sind die unbewussten Tiefen, in denen das Leben beginnt. Und so wie in den Tiefen des Fruchtwassers in der Gebärmutter dein Leben begonnen hat, so begann das Leben der Tiere der Erde in den Tiefen der Meere und Ozeane vor vielen Tausenden von Jahren.

Das Leben beginnt in den Tiefen des unbewussten großen weiblichen Urmeers, dem großen weiblichen Schoß der gebärenden Mutter und in ihrem schöpferischen Becken. Ihr entspricht in uns die schöpferische Beckenschale mit der Gebärmutter, die mit der Quelle der Schöpfungskraft verbunden ist, ... die im Dunklen und in der Stille und in einer Zeit des Lauschens auf die innere Stimme der Mutter die kostbaren Energien in sich bewahrt und sich nährt.

Es ist das stetige und fleißige Kreisen in der Beckenschale, um sich vorzubereiten und geduldig und ausdauernd auf den richtigen Zeitpunkt warten zu können. Es ist dann der richtige Zeitpunkt, wenn auch die Sterne, der Mond, die Sonne und auch die anderen Himmelskörper die Position eingenommen haben, die für das Geborenwerden in diesem Körper am besten sind, um mit der Unterstützung der Schöpfungskraft die Dunkelheit zu verlassen und das bis dahin noch nicht Sichtbare aus sich selbst heraus zu gebären.

Es ist das Geborenwerden aus dem weiblichen Schoß, es ist das freiwillige Ja-Sagen zum Leben auf der Erde, es ist das Willkommen-Sein in einem neuen Leben, es ist das Ja-Sagen zu der dafür ausgewählten materiellen Körperform, einer Form, die uns von den Kräften der Natur gegeben wurde.

Diese körperliche Form und das Leben in ihr anzunehmen, zu akzeptieren und fließen zu lassen, um das Beste daraus zu machen. Es ist das tiefe Vertrauen in die vibrierende Lebenskraft, die stetig und unaufhaltsam über den Beckenboden in die Beckenschale und von hier aus durch die inneren Körperlandschaften fließt, so wie auch draußen der Flusslauf durch die äußeren Landschaften fließt. Und so für die bestimmte Zeit eines Flusslaufes oder eines Lebenslaufes eine dafür auserwählte Form, ein Flussbett wählt.

Um in diesem Flussbett verschiedene Erfahrungen von Intensität und Menge des Lebenswassers in bestimmten Zeitabschnitten des Lebens zu machen. Und so gibt es Zeiten, in denen das Quellwasser in großen Wassermengen die Grenzen des Flusslaufes überschritten hat und das Körperland mit Lebenswasser und Lebensenergie überschwemmt und du großzügig deine Energie verteilt hast ... genauso wie es Zeiten gibt, in denen das Lebenswasser langsam oder nur stockend fließt und das Körperland trocken und aufgestaut erscheint. Und mit den Körperlandschaften auch die Gefühlswelt. In diesen Zeiten können die Körpersäfte und die Gefühlswelten zu Eis erstarren oder durch Hitze verdunsten.

Doch mit dem Wissen, dass das Quellwasser beständig und still in der Tiefe weiterfließt und immer wieder einen erlösenden Weg findet, sowohl bei großer Dynamik im Flusslauf als auch beim Gefühl des Versiegens der Lebenskraft, beim Gefühl des Aufgestaut-Seins genauso, wie bei dem Gefühl, schmutzig und belastet zu sein.

Das Lebenswasser findet immer wieder einen erlösenden Weg. Es ist das beständige Fließenlassen auch im nichtsichtbaren unterirdischen Raum. Es sind das Fließenlassen und das Annehmen der Herausforderungen des Lebens, der körperlichen Veränderungen und der sich wandelnden Prozesse im Leben. Es ist das Einladen und das Loslassen aller damit verbundenen Gegebenheiten und Umstände, um daran zu lernen und zu wachsen, auch auf anderen Wegen weiterzufließen und im Fließenlassen eine Erlösung zu finden. Es ergibt sich ein Weg, der aus sich selbst heraus entsteht.

Und dabei zu wissen, dass die Zeit in dieser körperlichen Form begrenzt ist und das Lebenswasser am Ende dieser Lebenszeit zurückkehrt in das große Meer des Unendlichen. Deshalb ist es gut, die zur Verfügung stehende Lebenszeit zu nutzen, um in dieser körperlichen Form Bewusstheit für das eigentliche Dasein zu erlangen. Um am Ende des Lebens zufrieden diese Daseinsform loszulassen, zu sterben, um wieder neu in einer anderen Daseinsform geboren zu werden.

Ein ewig fließender Kreislauf, in dem das Wasser das Verbindende und ewig Fließende in verschiedenen Erscheinungsformen darstellt. Es ist das Fließenlassen, um dem Göttlichen zu dienen.

Und nun spüre einmal die Energie des Lebenswassers in dir. Wie kann das Wasser mich auf dem Weg meines Lebensflusses unterstützen? Lausche auf die innere Stimme und schaue auf die Bilder, die in dir sichtbar werden, wenn du das Wesen des Wassers befragst.

Der Energetik des Wassers entspricht die tiefe Verbindung zur Einheit und zur Wahrheit. Es ist das raum- und das zeitlose Gefühl, einfach da zu sein, mit sich und dem Universum eins zu sein und keine Trennung zwischen Gegenwart, Vergangenheit und Zukunft zu erleben. Die Herrin vom See war dieselbe wie die Minne, die Aphrodite, die Liebesgöttin der Minnesänger, die als Meerjungfrau erschien und von der es hieß, sie habe die »Wasser-Natur«. Oft war das Wasser auch eine Metapher für die Liebe selbst. Das zeigt sich beispielsweise in der Liebe für alle lebenden Wesen, für die Lebenskräfte der Fruchtbarkeit und der Schöpfung. Ohne sie wären die geistig-seelische Welt und die materielle Welt eine ausgetrocknete Wüste, eine Einöde.

Das Wasser und die Liebe ermöglichen ein Fließen und Verbinden alles Bestehenden. Es können Gefühle von einem paradiesischen Zeitalter entstehen, einem Zeitalter, welches Fülle, Vollkommenheit, Ganzsein und Heilsein zum Ausdruck bringt. Die Rune dieses Zeitalters, ein Zeichen der Schöpferebene, hat die vollständigste Form, es ist ein perfekter Stern dreidimensionalen Ursprungs. Es ist der Sechsstern des Eiskristalls, der zum Vorbild aller Runen wurde. Aus den Strahlen dieser Rune wurden alle anderen Runen gebildet. Das Sechseck ist zugleich die Grundform der Bienenwabe, und aus zwei gleichseitigen Dreiecken bildeten die Juden ihren sechszackigen Stern. Diese Formen sind vollkommen, ganz, heil und göttlich.

Wasser und Göttlichkeit stehen in engem Zusammenhang. In dem Bild der Neugeburt aus Wasser und Geist zeigt das lebendige Wasser seine Wirksamkeit: Immer wieder neu anfangen können, das Alte, Destruktive wegspülen, die heilende, schöpferische Kraft der Wandlung erfahren, vom Tod zum Leben wieder auferstehen. Das lebendige Wasser wird zur Quelle des ewigen Lebens, es ist eines der weiblichen Kraftfelder, die es gilt, weiter zum Fließen zu bringen.

Wenn die Quelle des lebendigen Wassers fließt, wird sich ein Weg zeigen, auf dem genug Lebenskraft da ist für unterwegs. In manchen Erzählungen kommt noch die Hilfe durch ein Tier hinzu, zum Beispiel durch die Kröte, die zur Verbündeten wird und weibliche Intuition und Weisheit verkörpert. In der Geschichte von der »Regentrude« von Theodor Storm sind es die Frauen, die von jeher den Weg zur

Quelle und zu der unterirdischen Wasserfrau wissen. Dieser Weg ist aber in Vergessenheit geraten.

So erzählt die Regentrude, nachdem ein junges Mädchen mit Hilfe des Wassers aus dem Krug der Regentrude den Brunnen wieder aufgeschlossen hat: »Sie kamen damals öfter zu mir, ich gab ihnen Keime und Körner zu neuen Pflanzen und Getreiden, und sie brachten mir zum Dank von ihren Früchten… Seit langem aber sind die Menschen mir entfremdet, es kommt niemand mehr zu mir… Da bin ich eingeschlafen und der tückische Feuermann hätte fast den Sieg erhalten.«[30] Nachdem sie den Brunnen wieder aufgeschlossen hat, kann das Wasser aus der Tiefe wieder nach oben emporsteigen und das Land tränken.

Den Brunnen wieder aufzuschließen, um zur Quelle zu gelangen und aus den Tiefen die vergessenen Schätze und die tiefsten Geheimnisse heraufzuholen und wiederzuentdecken, das ist eine der wichtigsten Aufgaben, um der gesamten Schöpfungskraft und der Erde zu helfen. An besonderen Stätten, oft mitten im Zentrum eines Ortes, befindet sich oft solch ein Brunnen, der den Menschen Kraft und Ruhe verleihen soll. Oft sitzen die Menschen rundherum, um diese fruchtbare Energie zu tanken, ohne die Bedeutung zu kennen.[31]

Wenn Menschen in den verschiedenen Initiationsriten in die eigenen Tiefen hinabsteigen, untertauchen und wieder emporkommen, bedeutet das, in Kontakt zu kommen mit dieser schöpferischen Kraft der Wandlung und der Wiedergeburt. Es ist das In-Kontakt-Kommen mit der göttlichen Schöpfungskraft. In jüdisch-hellenistischer Tradition ist die weibliche Seite Gottes die »Sophia«, der Geist weiblicher Weisheit, und die Quelle seiner Kraft. Sie entspricht damit der Kali-Shakti, von der die Hindu-Götter ihre Lebenskraft erhielten. Die männliche Seite Gottes wird der »Erlöser« und der Erzeuger aller Dinge genannt. Sophia wurde als das »All-Mütterliche Wesen, die Königin und die Dame Weisheit« bezeichnet.[32]

Ein gnostischer Schöpfungsmythos berichtete, dass Sophia von der weiblichen Ur-Macht Signe (Schweigen) geboren wurde. Sophia selbst gebar einen männlichen und einen weiblichen Geist, den Christus und die Achamoth. Die Achamoth schenkte den Elementen und der irdischen Welt das Leben, danach gebar sie den neuen Gott Ildabaoth (Sohn der Dunkelheit) und fünf planetarische Geister. Diese fünf Geister erschufen die Erzengel, die Engel und schließlich die Menschen. Ildabaoth verbot den Menschen, von der Frucht der Erkenntnis zu essen, aber seine Mutter Achamoth sandte ihren eigenen Geist in der Form der Schlange Ophis zur Erde, um die Menschen zu lehren, dem eifersüchtigen Gott ungehorsam zu sein. Die Schlange wurde auch als der Christus bezeichnet, der trotz des göttlichen Verbotes den Adam lehrte, von der Frucht der Erkenntnis zu essen.[33]

Sophia sandte schließlich Christus in der Gestalt ihres eigenen Totemtieres, der Taube, als Symbol des Heiligen Geistes erneut zur Erde. Einige sagen, Jesus sei der Gemahl der Sophia geworden und seine Herrlichkeit hätte auf dieser Heiligen Hochzeit beruht, andere sagen, Sophia sei ebenfalls die Mutter des Jesus gewesen, denn sie war die Jungfrau des Lichtes, deren Geist in den Leib der Maria einging, um Jesus zu empfangen.

Die weibliche Symbolik des Wasserelementes in den inneren Flusslauf zu integrieren, bedeutet, als Menschen zu leben, die aus der göttlichen Quelle der Schöpfung leben. Das würde auch für den äußeren Flusslauf die Konsequenz haben, dass die trüben, vergifteten Flüsse und Meere, der saure Regen und das vielfach schon verseuchte Grundwasser gereinigt und entgiftet werden, um Klarheit und Reinheit im Flusslauf entstehen zu lassen.

Dafür sind jedoch reinigende und befreiende Prozesse erforderlich, die die Wichtigkeit des Wasserelementes hervorheben. Viele religiöse Reinigungsriten, bei denen das Wasser eine zentrale Rolle spielt, erinnern daran. Mit dem Wasser überwinden wir die Materie, das Element Erde, um später dem Luft-Element intensiver zu begegnen. Das Wasser ist jedoch unser sensibelstes Element. Wenn wir das Wasser zerstören, zerstören wir auch uns, denn unser Körper besteht zu siebzig Prozent aus Wasser. Reines Wasser ist ein hervorragender Träger von Informationen, das heißt, es reagiert höchst empfindsam auf Energien. Seine Struktur wird nicht nur von äußeren Verschmutzungen beeinflusst, sondern auch von den Informationen, die wir ihm aufprägen. (Ein Prinzip der Wirksamkeit homöopathischer Heilmittel, bei der die Information der heilenden Substanz auf das Wasser übertragen wird.)

Und so, wie unser Körper auf unsere Ängste und dunklen Gedanken reagiert, so nimmt er auch unsere liebe- und lichtvollen Impulse auf. Und genau das ist die Chance unserer heutigen Zeit. Weil wir schon so lange im Bewusstsein des Getrenntseins, in der Dualität leben, müssen wir Schritt für Schritt lernen, uns daraus zu befreien. Der erste Schritt ist, unsere geistige Natur anzuerkennen. Wir sind viel mehr als unser Körper. Jeder Mensch hat außer Körper, Seele und Geist ein göttliches Selbst, dass sich außerhalb der Zeit bewegt und immer mit Gott verbunden ist.

Der zweite Schritt ist, auf die eigenen Gefühle zu hören und nicht nur dem Verstand zu gehorchen. Wir haben noch nie alles gewusst und verstanden, wir mussten immer dazulernen. Aus der Geschichte kennen wir unzählige Fälle, in denen Machthaber, sei es aus Wissenschaft, Kirche oder Staat, auf einen einmal eingenommenen Standpunkt beharrten und Andersdenkende unterdrückten. Viele Menschen zeigen heute den Weg aus einer solchen Sackgasse, indem sie ganzheitlich und interdisziplinär denken und nicht nur auf die Einzelteile starren.

Und der dritte Schritt ist, sich für eine Entwicklung in Harmonie zu entscheiden. Wir leben und denken in einem »morphischen Feld«, in dem Angst und Zerstörungswut einen sehr großen und störenden Anteil einnehmen. Wenn wir auch schon die Politiker und Wirtschaftsmanager dieser Welt nicht mehr umstimmen können, können wir selbst doch unsere eigenen Gedanken kreieren und ein eigenes Lebensnetz erschaffen. Die Entscheidung treffen wir selbst: entweder für Angst oder für Liebe. Mehr Alternativen haben wir nicht. Warum nutzen wir nicht unseren freien Willen und erdenken uns unser Lebensnetz, in der die Achtung vor der Natur und ein liebevoller Umgang mit allem selbstverständlich sind? Nach den kosmischen Gesetzen wird sie sich verwirklichen. Je mehr wir uns für die Liebe entscheiden, desto mehr werden Zeitschranken aufgehoben. Die Hilfe der Elementarwesen und insbesondere die Wesen des Wasserelementes, die meist weiblicher Natur sind, stehen uns jedenfalls zur Verfügung.

Das Leuchten des Feuers

Auch wenn das Leben aus dem Wasser kommt, braucht es zu seiner Verwirklichung die formgebende Kraft des **Feuers**. Das Feuer ist seit jeher am unberechenbarsten, es ist unbeständig, veränderlich, auflodernd, leuchtend, verbrennend aber auch faszinierend attraktiv und anziehend. Wie gerne sitzen wir am Lagerfeuer und genießen die Wärme, die Atmosphäre, den Schutz und die Möglichkeiten der Nahrungszubereitung. Wie gerne schauen wir in das Licht einer Kerze oder können durch das Licht Dinge in der Dunkelheit sichtbar machen. Wie gewaltig ist wiederum die erschreckende und gewaltige Naturkraft des Feuers, die wir in Blitzen, Vulkanausbrüchen und großen Waldbränden erleben.

Und dann ist da das Wissen, dass Erde, Wasser und Luft nur eine dünne Kruste der Erde bilden und nur eine relativ kurze Zeitspanne der Entfaltung unseres Planeten ausmachen. Was die Erde in ihrem tiefsten Sein bestimmt, ist das Feuerelement mit seiner ungeheuren Lebenskraft und seinem uneingeschränkten Willen zum Sein. Und was für eine großartige Chance bietet das Feuer, um Stoffe umzuwandeln und, etwa durch das Schmieden, Gegenstände zu formen. Hier geht es um das Prinzip der Verschmelzung, in dem der Rohstoff der Natur mit der kosmischen Energie des Feuers vereint wird, aus dem durch zauberhafte Wirkkraft eine neue Qualität als gewandelte Natur hervorgeht.

Nicht anders verhält es sich in einer Gemeinschaft, in einer Familie oder einer Gruppe. Gemeinschaftsgefühl und Wir-Gefühl, um etwas Neues zu entflammen, sind Empfindungen, die nur das Feuer-Element in einer Gruppe entzünden kann. Ausdrucksstark und leidenschaftlich kann die Energie des Feuers durch feurige Reden und authentisches Verhalten viele Menschen erreichen, verbinden und beeindrucken. Feurige Energie hilft einem, Klarheit in die eigenen Gedanken und Absichten zu bringen, trennt Wichtiges von Unwichtigem und ist schnell in der Lage, den eigentlichen Kern eines Themas zu erfassen. Wie ein Magnet zieht das Feuer die Menschen an und gibt der Gemeinschaft das Gefühl eines magischen Führers. So wird das Feuer zum Instrument der Wandlung.

Weil ihm unzählige Möglichkeiten innewohnen, ist seit jeher ein vorsichtiger, kontrollierender und behutsamer Umgang mit dem Feuer erforderlich. Wie oft sagt die Mutter zu ihrem Kind: »Mit dem Feuer spielt man nicht.« Und ein Kind, das diese Erfahrung schon einmal an der Herdplatte gemacht hat, ist ein gebranntes Kind und weiß davon.

Zusätzlich zu den grundlegenden Funktionen des Feuers im Makrokosmos gibt es eine Reihe weiterer Zuordnungen und Resonanzen des Feuers im Mikrokosmos. In der Traditionellen Chinesischen Medizin wird dem Feuer-Element das Herz als Herrscher beziehungsweise Kaiser im mikrokosmischen Staatsapparat zugewiesen. Das Herz ist der Wohnsitz jener schöpferischen Kraft, die dem Menschen die Zeichen des Himmels (Sonne, Mond und Sterne) vermitteln und ihn zu einem einzigartigen Individuum machen. Gemeint sind die spirituellen Offenbarungen des Göttlichen, die sich als erste Gedanken oder als innere Stimme bemerkbar machen. Im Chinesischen wird vom »Shen« gesprochen. Im 26. Kapitel des Su Wen erhält der Gelbe Kaiser Huang Di von seinem himmlischen Meister Qi Bo dazu folgende Aussage:

Laß mich Shen erörtern: Was ist darunter zu verstehen? Shen kann nicht mit den Ohren gehört werden. Die Augen müssen klar und das Herz offen und leer sein. Dann offenbart sich Shen plötzlich im Bewusstsein eines Menschen. Man kann es nicht mit Worten ausdrücken, sondern nur mit dem Herzen erfassen. Auf einmal weiß man intuitiv, was Shen ist. Leider kann man dieses Wissen ebenso schnell wieder verlieren. Shen, die schöpferische Kraft, wird dem Menschen ganz plötzlich transparent, als ob der Wind Wolken und Nebel wegbläst. Deshalb nenne ich es Shen, etwas Geistiges.[34]

Ein stabiles Herz und ganz besonders das Herz-Yin macht neue Inspirationen möglich und ist die Basis von spontaner Einsicht und transzendentaler Erfahrungen und bietet ein gemütliches Zuhause für spirituelle Botschaften. Wo das Spirituelle mit dem offenen Herzen eingeladen wird, ist die Verbindung zum Ganzen hergestellt und man kann Freude über die Wunder des Lebens empfinden. Eine freie Kommunikation zwischen Innen und Außen wird ohne Vorurteile und

Wertungen möglich. Menschlicher Egoismus, Kleinmut und Selbstzweifel können verschwinden. Unter diesen Bedingungen können auch die anderen Organe harmonisch in Frieden leben und sich von dem klaren Geist ihres Herzens sicher führen lassen. Laozi im Vers 6 des Daodejing dazu:

Wer sein Shen nährt, wird nicht sterben: Dies nennt man das Geheimnisvoll Weibliche; das Tor des Geheimnisvoll Weiblichen nennt man die Wurzel von Himmel und Erde; endlos wie ein Seidenfaden ist es vorhanden, mühelos kannst du es nutzen.[35]

Ist das Herz nicht erleuchtet, dann geht die Beziehung zum Ganzen verloren, und der Geist irrt rastlos umher, heimatlos und ohne sicheren Hafen. Alle möglichen Störungen im geistig seelischen Bereich können folglich entstehen, wenn das Herz-Yin geschädigt ist: Herzklopfen, Inkohärenz der Gestik, Mimik und Bewegung, extreme Extrovertiertheit, Manie, Lachkrämpfe, Hysterie. Aber auch das Gegenteilige wie Verzweiflung, Niedergeschlagenheit, Introvertiertheit, Stumpfsinn, geistige und emotionale Leere und Mutlosigkeit, Schlafstörungen aller Art, Schreckhaftigkeit, Ängstlichkeit, Gedächtnisschwäche, Hitzewallungen und Schweißausbrüche können auftreten.

Ein zu hartes Herz lässt keine liebevollen und warmherzigen Beziehungen entstehen, ein zu weiches birgt die Gefahr, emotional und sozial ausgenutzt zu werden. Liebevolle Worte geben dem anderen das Gefühl, geliebt zu werden, beleidigende Worte kränken und verletzen. Wer sein Herz auf der Zunge trägt, neigt zur Redseligkeit und überschüttet den anderen mit Persönlichem. Wer Sprunghaftigkeit oder Redehemmungen hat, ist in der Projektion seiner Persönlichkeit behindert. Beides sind Störungen des Herz-Yin.

Ein weiterer Aspekt der Herzens ist das Zeigen seiner feurigen und heißen Kraft im Außen. Das Herz beherrscht das Blut energetisch und kontrolliert das pulsierende Blut in den Gefäßen. Es ist das Herz-Yang, welches die energetische Qualität des Herzens in jede Zelle des Organismus trägt. Ist das Herz-Yang gestört, zeigen sich Symptome wie Herzklopfen, Herzrhythmusstörungen, Hypertrophie des Herzens, Frösteln, Blässe, kalte schweißige Hände, Kurzatmigkeit bei Anstrengung, ein Gefühl von Enge und Unruhe in der Herzgegend sowie

Pulsanomalien. Verschlossene, zurückgezogene, humorlose und pessimistische Menschen haben ein schwaches Herz-Yang, ihr Herz ist kalt und unfähig, sich selbst und andere zu erwärmen. Ein starkes Herz-Yang beseelt die Zellen des Blutes und lässt das Blut als lebendiges Blut fließen. Das Blut wird durch das innere Herzfeuer erwärmt und mit Eisen angereichert. Erst dadurch erhält das ursprünglich »weiße Blut« die rote Farbe und eine dickflüssige Konsistenz.

Das Blut wird durch das Feuerelement zum Träger von Informationen des Herzens, es bildet sich damit ein »Ich« heraus, das notwendig ist für die menschliche Entwicklung. Das schöpferische Feuer des Herzens, das »Ich bin«, ist die Flamme des Göttlichen, welches über die Lebendigkeit des Blutes in das Körperland getragen wird. Der Herzschlag ist der Grundrhythmus, auf den sich alle menschliche Musik bezieht und den sogar das ungeborene Kind im paradiesischen Zustand des vorgeburtlichen Lebens hört und niemals vergisst. Das Herz der Mutter ist die Quelle des Lebens für das Kind. Eine Mutter nennt ihr Kind deshalb »Herzblut«.

Die tantrischen Weisen betrachteten ihr Herz als das Zentrum des Universums, darum ist die Gottheit im innersten Kern eines jeden Menschen zu finden. Die innerste Gottheit im schlagenden Herzen ist Shiva, der älteste Gott der vedischen männlichen Trinität. Shiva wurde selten allein dargestellt, denn seine Macht beruhte auf der Vereinigung mit Kali oder Shakti, seiner weiblichen Energie, ohne die er nicht handeln konnte. In der Vereinigung mit der Göttin wurde er der Schöpfungsfunke. Das in der Sexualität spürbare innere Feuer, das zum Orgasmus führt und im Organismus in der Ekstase seine höhere Entsprechung hat, zeigt die große feurige Leidenschaft, die Sehnsucht nach Verschmelzung und Loslassen. Jeder menschliche Orgasmus habe Anteil an dieser schöpferischen Erfahrung als »unendlich kleines Bruchstück und schwacher Abglanz des Schöpfungsaktes, in dem sich Shiva und Kali vereinigen, um die Saat des Universums hervorzubringen.«[36]

Im Makrokosmos entsprechen dem Element Feuer im Tagesverlauf die Mittagszeit, im Jahresverlauf der Sommer und vom Stand der Sonne der Süden. So verkörpert der Süden am deutlichsten Wärme,

Licht und Fruchtbarkeit. Zeiten, in denen das Beste außen sichtbar werden kann. Es ist die Zeit, die belebende und intensive Kraft der Sonne zu nutzen, um das Innere nach außen hin zu entwickeln und in voller Schönheit mit höchstem Potential beziehungsweise als Blüte des eigenen Lebens zu zeigen.

Das Sich-Zeigen geht mit großer Dynamik einher und einem weiten Öffnen, das nicht mehr steigerungsfähig ist. Es ist der Wendepunkt der nach oben und außen gerichteten Entwicklung. Deshalb ist die Flamme des Feuers auch nur kurz aufleuchtend, relativ instabil und nur im kurzen Augenblick erfahrbar. In dieser kurzen Zeit des Höhepunktes wird jedoch alles aufgenommen, was vom Himmel kommen könnte, sowohl alle positiven lebensspendenden wie auch alle negativen vernichtenden Impulse. Darin zeigt sich wiederum die starke Verletzlichkeit. Deshalb bedarf das Feuer zu seiner Erhaltung auch der behutsamen Pflege, es bedarf der Speisung und Drosselung durch Wasser und Erde und letztlich des Schutzes, damit es sich nicht selber verzehrt, sondern zu einer langen wärmenden und belebenden Kraft wird.

Meditation

Das Feuer der Leidenschaft und der Liebe

Lege dich entspannt hin, die Beine fallen in eine natürliche Haltung, sind dabei leicht geöffnet, deine Füße öffnen sich entspannt nach außen. Dein Rücken liegt mit zunehmender Entspannung immer breiter auf der Unterlage auf, dein Gesäß lässt los und deine Beine und Oberschenkel sinken immer tiefer und entspannter in die Unterlage hinein; breiter und schwerer werdend, um immer tiefer herunterzukommen.

Lasse mit jedem Ausatmen los, um breiter aufzuliegen und dich deinen Tiefen anzunähern... Atme aus, um herunterzukommen und mit jedem Ausatmen dir selbst ein Stückchen näher zu sein... herunterzukommen und auszuatmen und mit jedem Tiefersinken Vertrauen in das Eigene zu gewinnen... sich den eigenen Tiefen anzuvertrauen und die Tiefe in dir zurückgewinnen... um mit der eigenen zurückgewonnenen Tiefe der Erde in dir ein Stückchen näherzukommen... und im Näherkommen der Erde in dir genährt zu werden, von den

Mineralien der Erde und all ihren Strukturen, die dir Halt und Stabilität von innen geben.

Stabilität, die auch deinem Bewegungs- und Stützsystem und ganz besonders deinem Rückgrat Halt und Stütze geben... Stütze, die deine Knochen nährt und dir eine innere Sicherheit gibt, Sicherheit, um dich innerlich aufrichten zu können.

Aufgerichtet an einer aufrechten Wirbelsäule, an einem gefüllten und stabilen Knochensystem und an starken Nerven...

So lass dich tiefer hinunterfallen, um von der Erde genährt zu werden, aufgefüllt und aufgetankt zu werden... mit jedem Ausatmen ein bisschen mehr... Mit jedem Ausatmen etwas tiefer hinunter...

Und während dein Ausatem deinen Körper tiefer hinabsinken lässt, um ihn aufzutanken... geht dein Einatem nach oben in deinen Brustkorb hinauf. Es ist der Einatem, der deinen Brustkorb öffnet. Es ist der Einatem, der dich weit und offen werden lässt, der das entfaltet, was in Falten gelegt ist, um dich den Tiefen deines Herzens zu nähern...

Es ist ein behutsames und achtsames Sich-Annähern, es ist ein Sensibel-Sein für die Tiefen, um den Tiefen des Herzens zu begegnen... um dem eigenen Herzschlag näher zu sein, der eigenen Herzfrequenz... und mit der Herzfrequenz auch dem Pulsieren des Blutes. Und mit der Pulswelle ein Weiterleiten der Information in jede Zelle.

Es ist das Herz der Mittelpunkt eines pulsierenden Universums, der Mittelpunkt deines Universums, die Zentrale, von der alles gesteuert wird, um die Botschaften in das Land zu verteilen, bis hinein in jede Körperzelle, bis hinein in jeden Zellkern und in jede DNA-Struktur des Zellkerns.

Und so atme weiter, um dich dem Herzen in dir zu nähern, dem Mittelpunkt deines Körpers. Und so wie das Herz der Mittelpunkt deines Körpers ist, ist auch das Feuer der Erde der Mittelpunkt beziehungsweise der Kern der Erde. Auch hier haben wir das Feurige und Heiße in der Mitte des Kerns. Der Kern, der von innen alles durchdringt in der Tiefe.

Und genauso, wie das Feuerelement die schöpferische Mitte der Erde ist, ist die Sonne der Mittelpunkt. Hier dreht sich alles um die feurige heiße Sonnenglut, die ihre Strahlen in das ganze Universum schickt und uns erwärmt. Immer wieder zeigen sich das schöpferische Feuer in der Mitte und von ihm ausgehend die pulsierenden Wellen, die sowohl in die äußeren Landschaften als auch in die inneren Landschaften deines Körperhauses fließen.

Es ist das Feurige und das Heiße, es ist die Leidenschaft, für etwas zu brennen, ein inneres Feuer zu entfachen... Und dabei die Zeit zu verlieren, die Grenzen des Raumes zu öffnen, einer Sehnsucht zu folgen, sich verführen und verzaubern zu lassen und der Liebe, dem Zauber und der Magie bedingungslos zu folgen...

Es sind die Funken der Leidenschaft und des inneren Feuers, die Funken versprühen und dich magisch anziehen... Es ist das liebevolle Tun, das absichtslos und bedingungslos geschieht und dem du einfach gedankenlos folgst...

Und so wie das Wasser frei und beständig fließt, ist auch die Liebe des Herzens ein ständiges Fließenlassen, ein Sich-Öffnen und Einladen und wieder Loslassen. Es ist die Liebe, die einlädt, die frei fließt, die loslässt, die Unmögliches möglich macht und Wunder geschehen lässt...

Und so lasse all die feurige Energie deines Herzens in dein Körperland hineinfließen. ... Es ist wie eine pulsierende Welle oder wie ein pulsierender Rhythmus, der dich innerlich bewegt... wie ein Tanz um das innere Feuer, das vom Herzen ausgeht und dann pulsierend und beschwingt in das Körperland hineinfließt...

Es ist das Mitfließen mit dem Fluss des Blutes, das über den Blutkreislauf in jede Körperzelle hineinführt... um mit der feurigen Pulswelle ein goldenes Licht zu entzünden, vergleichbar mit einer Flamme oder einer inneren Leuchtkraft. Ein inneres Leuchten, in den Farben Gold, Orange oder Rosa, das mit dem Leuchten auch die innere Wärme bringt.

Und das Leuchten wird so intensiv, als würdest du mit dem inneren Licht von innen leuchten und strahlen und von innen erwärmt werden... aus dir selbst heraus.

Es ist das Strahlen und Leuchten, das für das Bewusstwerden steht, für das Bewusstwerden und für das Hellwerden, für das Leuchten-Lassen, um etwas ins Licht zu bringen, was im Dunklen liegt... Um etwas sichtbar zu machen, was sich versteckt hat, anzunehmen, was da ist, und aus sich selbst heraus zu strahlen und immer wieder genährt zu werden aus der unerschöpflichen Quelle des Herzens, um es in das Körperland hineinfließen zu lassen...

Ein offenes Herz und ein Fließenlassen in das Körperland... bade in diesem Gefühl.... in dem Gefühl, mit dir selbst herzlich verbunden zu sein... in dem Gefühl des warmen Fließenlassens und der liebevollen Verbindung mit dem Herzen...

Unterstützt durch ein inneres Lächeln... unterstützt durch ein Öffnen mit dem Lächeln... durch ein inneres Jasagen. Bade in diesem Gefühl des inneren Leuchtens... Und frage an dieser Stelle, wie das Feuer-Element dich in deinem inneren Leuchten unterstützen kann.

Und wenn du das Gefühl hast, dass dein Körper viel zu klein ist für so viel Liebe, dann öffne auch die Poren deiner Haut, um das Liebevolle in das Feld deiner Strahlung hinauszutragen, in das ausstrahlende Feld... um über das Feld deiner Strahlung mit den Menschen in Verbindung zu sein, die dich so lieben, wie du bist... die dich so annehmen, wie du bist...

Spüre diese herzliche Verbindung zu diesen Menschen... wie auch die Verbindungen zu all jenen, die nicht mehr da sind, mit denen du aber herzlichst verbunden bist... Du kannst ihnen auch etwas Liebevolles sagen...

Schließe auch jene Tiere mit ein, die dir am Herzen liegen... Schließe auch die Pflanzen und Bäume mit ein, die dir am Herzen liegen... die Natur, die dich nährt und unterstützt... die Gegend, wo du auftankst und dich wohlfühlen kannst, so wie du bist...

Und so hat sich ein Netz aufgebaut, ein Netz von Verbindungen... wo das Herz, dein Herz, der Mittelpunkt dieses Netzes ist.

Es ist gut, dieses Netz zu nähren und zu pflegen, diese liebevollen Verbindungen zu halten, damit auch du in liebevoller Weise genährt und gepflegt wirst aus dieser liebevollen Verbindung.

Du kannst gerne ein paar unterstützende und dankende Worte mit in das verbindende Netz hineingeben, liebevolle Worte aus deinem Herzen und dem Herzen der Schöpfung, die dich im Innersten berühren...

Und in Dankbarkeit für dieses Netz, das sich dir zeigt, lege einmal beide Hände auf dein Herz und beginne von hier aus zu kreisen...

in Dankbarkeit, im Annehmen... kreise, kreise und werde größer im Kreisen...

In Dankbarkeit mit dir verbunden zu sein, über dein Dasein auch mit anderen Menschen und Wesen... kreise, um dieses Feld zu nähren und um selbst genährt zu werden... kreise größer werdend über deinen Körper, in Dankbarkeit für diesen Körper, weil das Bewusstwerden nur durch ihn möglich ist, das Sichtbarmachen nur durch den Körper möglich wird, genauso wie ein Verstehen, ein Sortieren und Ordnen.

Streiche über den ganzen Körper... Und dann löse dich langsam aus den inneren Landschaften, aus den inneren Verbindungen, um wieder bewusst nach außen in die äußeren Verbindungen zu gehen, in die äußeren Landschaften...

Die Hochzeit von Feuer und Wasser

Wenn zum Wasser das Feuer kommt, erwächst daraus Wandlung. So kommt das erstarrte und bewegungslose harte Wasser (Eis) erst durch die magische Kraft des Feuers in Bewegung. Wir lassen uns auf etwas ein (Feuer), das unser Innerstes (Wasser) berührt. Aus diesem ständigen Fließen zwischen Feuer und Wasser entsteht etwas Nutzbares, das zur kraftvollen und authentischen Wurzel des eigenen Daseins wird. Daraus formt sich immer mehr das Ich und damit die Einzigartigkeit des Individuums. Das Ich ist der Mittelpunkt dieses Verschmelzungsprozesses von Wasser und Feuer, es wandelt sich in stetiger Weiterentwicklung und Reflexion der wahrgenommenen Umgebung. Im Feuer verlässt das Ich diesen Mittelpunkt und öffnet sich für weitere Botschaften von anderen. Von dort bekommt es um so mehr Wärme und Qualität, je mehr es bereit ist, sich selber, sein eigenes Wünschen und Wollen aufzugeben. Im Nei Jing finden wir dazu folgende Aussagen:

Sie bezähmten ihren Willen und machten an ihren Wünschen Abstriche; in ihren Herzen war es Friede, und sie kannten keine Angst; ihre Körper mühten sich ab, aber nichtsdestotrotz wurden sie dabei nicht abgenutzt. Ihr Geist war von Harmonie und der Befolgung der Regeln des Dao erfüllt; alles war ihnen recht, und sie konnten alles erreichen, was sie sich vornahmen. Jede Art von Nahrung und Kleidung war ihnen genehm, und ganz gleich, wie die Umstände auch immer sein mochten: Sie waren glücklich und zufrieden. Für sie war es nicht wichtig, ob jemand hoch oder niedrig gestellt war. Solche Leute können als solche reinen Herzens bezeichnet werden. Kein noch so starkes Verlangen konnte ihre Augen in Versuchung führen, und ihr Wesen war weder durch Überfluss noch durch Böses zu beeinträchtigen. In solch einer Gesellschaft befindet man sich in Übereinstimmung mit dem Dao, gleich, ob man weise oder einfältig, tugendhaft oder böse ist; nichts braucht man zu fürchten. So könnten die Menschen weit über hundert Jahre alt werden und immer noch am Leben aktiv teilnehmen.[37]

Haben wir Zugang zu dieser verborgenen und kreativen Wirkungskraft des Göttlichen, können wir wahrhaftig wirksam werden und Einfluss nehmen. Wir können wie ein Medium mit den himmlischen Kräften kommunizieren, wir können die Botschaften und die Heilkräfte der Natur und des Kosmos empfangen und die Selbstheilungskraft der Menschen und der Natur unterstützen. Aber nur wenn wir die Verbindung zur Realität und die Bodenständigkeit zur Erde bewahren, sind wir in der Lage, einen Eindruck von den unermesslichen Möglichkeiten des Himmels zu erhalten und sie auch für uns und für andere auf der Erde nutzbar zu machen – ein Nutzbarmachen, das über die eigenen Kräfte hinausgeht und die gewaltigen Kräfte von Feuer und Wasser ruft und damit auch einem größeren Feld dienlich wird.

Das Besondere dieses ständigen Fließens zwischen Feuer und Wasser ist der Moment des jetzigen Augenblicks, der Augenblick, der uns einen winzig kurzen Zugriff auf das Wirkliche, das einzig Reale ermöglicht. Dieser kurze Moment des Zugriffs auf die Realität ist die reale, erlebte Zeit, alles andere sind Abbilder der Zeit und der zeitlich dimensionierten Welt in der subjektiven Gedankenwelt.

Zeit und Raum, das sind Wasser und Feuer, die in ihrer wechselseitigen Durchdringung das Leben ermöglichen. Es sind ebenso die weiblichen Anteile von Wasser und Erde sowie die männlichen mit Feuer und Himmel. Die Bewegungen des Himmels geben uns das Gefühl und das Maß für die Zeit entsprechend den natürlichen Zyklen des Mondes, der Sonne und der anderen Himmelskörper sowie unseres menschliches Entstehens und Vergehens in diesem Kosmos. Gemeint sind die wahrnehmbaren, sich ständig wiederholenden Abfolgen und Zeiten des Himmels, des Yang. Wie schnell vergeht die Zeit, wenn wir im Feuer sind, wenn wir engagiert und begeistert teilnehmen an den vom Himmel übermittelten Botschaften. Und wie langsam vergeht die Zeit, wenn wir ohne eigenes Yang und ohne Feuer etwas tun.

Diese sich wiederholenden Abfolgen himmlischer Energien werden in der Symbolik des Kreises dargestellt, sie teilen den Kreis zunächst in die vier Wandlungsphasen. Erst durch das Hinzutreten des Subjektes Mensch als »Betrachter« und subjektiver Mittelpunkt der allumfassenden Wandlung entsteht eine Mitte. Die Dimension der Erde, der Raum, wird dagegen durch das Quadrat dargestellt. Es sind die vier Himmelsrichtungen, die eine räumliche irdische Ordnung sichtbar machen. Beide zusammen, Kreis und Quadrat, ergeben die Darstellung der Vereinigung von Raum und Zeit, von Feuer und Wasser beziehungsweise Himmel und Erde, dazu das Achsenkreuz in der Mitte. Außen die vier zyklischen Prozesse der Wandlung und die verschiedenen Ausrichtungen, innen der Mensch als ruhendes Zentrum, der ein Teil eines jeden Wandlungsprozesses ist. So wird der Mensch zum agierenden Subjekt in den Bewegungen der Wandlungen. Er reflektiert, greift ein, wird verändert, er »entsteht und vergeht«. Erst aus der ruhenden Mitte heraus, öffnet sich der Blick in alle Richtungen.

Die Erde als Kind der Mitte

Die Erde hat ihren Platz in der Mitte. Sie führt das zusammen, was dem Wesen aller Wandlungsphasen und aller Jahreszeiten entspricht. Von der Mitte aus gleicht sie die Übergänge zu den Wandlungsphasen und den Jahreszeiten aus. Jedes Element allein würde zu gewaltige Kräfte und Energien entfalten. Ohne die harmonisierende Kraft der Erde würde alles aus den Fugen geraten. Nur durch das sich ausgleichende Zusammenspiel aller Kräfte wird eine harmonische Lebendigkeit auf der Erde möglich. So macht die Erde das Leben rund, so dass Schwankungen ausgeglichen und Wandlungen geschehen können.

Mit dem Blick aus der Mitte können sich die Dinge in ihrer Zeit und Geschwindigkeit entwickeln und entfalten. Genährt von der unerschöpflichen weiblichen Kraft des Wasserelementes, können wir verschiedene Formen von Energien von außen aufnehmen, sowohl stofflicher als auch feinstofflicher Art. Erst durch die Fähigkeit der Erde werden diese fremden Stoffe in eigene Stoffe umgewandelt, ein *Stoff-Wechsel* findet statt, in dem das Individuum und die Erde sich nähren. Dieser Stoffwechsel charakterisiert das Leben: Leben heißt, eine Erde-Qualität zu besitzen, es bedeutet, aufzunehmen, zu verdauen und loszulassen, sich zu bewegen und sich fortzupflanzen. Leben bedeutet, in seinem eigenen Zentrum der Welt zu sein und von hier aus dem Makrokosmos (den vier Jahreszeiten, Wandlungsphasen) Energien zu entnehmen und auch wieder zurückzugeben.

Dabei geht es nicht nur um die materielle Nahrungsaufnahme, die uns stofflich nährt, es sind auch geistig-seelische und emotionale Aspekte, die wir aufnehmen, uns einverleiben und verdauen müssen. Alles, was wir erleben, alles was wir mitfühlen und wo wir mitdenken, alle Impulse und Reize, mit denen wir tagtäglich konfrontiert werden, alles muss verdaut und einverleibt oder aussortiert und in veränderter Form wieder ausgeschieden werden. Wenn die Ausscheidung nicht passiert, sammelt sich Unverdautes und lässt Trübes und Ungereinigtes zurück. Der Mensch wird schleichend körperlich, emotional und geistig immer schwerfälliger, schleimiger, träger und müder. Seine Kräfte schwinden, Lebensfreude und Lebendigkeit gehen verloren, und die Bereitschaft und die Fähigkeit zur Wandlung lassen nach. Ein Prozess, der das seelische Wachsen und Reifen voranbringt, wird unterbrochen.

Himmel und Erde sind unbarmherzig; sie sehen alle Dinge als Opferstrohhunde. Die Weisen sind unbarmherzig; sie sehen die Menschen als Opferstrohhunde. Ist es zwischen Himmel und Erde nicht wie ein Blasebalg? Leer, und doch fällt er nicht zusammen. Je mehr er sich bewegt, desto mehr bringt er hervor. Mehr Worte sagen weniger. Halte an der Mitte fest.[38]

Ruhen wir in der Mitte, gibt uns jeder Augenblick, jede Stunde und jeder Tag neue Impulse, die uns wachsen und reifen lassen. Ruhen wir in der Mitte und betrachten das Geschehen von diesem Standpunkt aus, können wir auch die persönlichen Übergangsphasen von Kindheit, Jugend, Erwachsensein, die Zeit des Loslassens, das Alter und das Sterben und schließlich den Tod und die damit verbundenen wandelnden Prozesse leiblich erfahren und daran wachsen.

Wir wachsen an jeder neuen Herausforderung, an jeder Ablehnung, an jedem Verlust, an jedem Loslassen von Vergangenem und Gewesenem. So kann die Mitte durch die immer wieder neu empfangenden Impulse und durch die verdauenden und sortierenden Prozesse stetig mitwachsen und an Erfahrung gewinnen. Dabei wird das Neue in das schon Bestehende integriert. Es wächst eine Mitte, eine persönliche individuelle Identität, die immer stabiler und größer und damit auch sicherer wird und in sich eine ruhende Insel darstellt.

Die Mitte wächst wie die Ringe eines Baumstammes, stetig und langsam, von innen nach außen. Dabei wird das Beste aus sich selbst heraus immer deutlicher außen sichtbar und zum Ausdruck gebracht, ein Zustand des Einsseins mit sich und dem Ganzen. Nichts erstrebend, nichts verlangend, nichts ersehnend, im Augenblick und in den Wandlungen lebend. Im Chinesischen heißt diese Maxime: *Wu Wei*, es bedeutet »nicht handeln«, »nicht eingreifen«, »das Ego ablegen«. Das Ich des Menschen tritt zurück, er empfängt Göttliches, verdaut es leiblich und bewirkt etwas, aus dem Neues entsteht und wieder vergeht, und das immer wieder aufs Neue. Der Mensch handelt durch das eigene Sein im Auftrag eines göttlichen Seins und wird zum Diener des Göttlichen. Es ist eine göttliche Verbindung, die schon die Wandlungsphase Wasser als das Ewig Gebärende auf unserem Planeten zum Ausdruck brachte. Und dahinter steht die große weibliche Schöpfungskraft, das göttliche Einssein, die das Wasser und das Feuer gebiert. Von dieser gebärenden weiblichen Schöpfungskraft ausgehend, fließt das Wasser und das Leben durch die verschiedenen Zeitalter des Werdens und Vergehens.

Der Energie der Erde entspricht die Fähigkeit, unterbrochene Beziehungen wieder herzustellen und zu bewahren, sie ist die treibende Kraft für gemeinschaftliche Verbundenheit. Sie ist dort der ideale Vermittler, wo etwas Getrenntes wieder zusammengefügt werden soll.

Sie stellt Frieden her und setzt eher zusammen als auseinander, ist warm, verständnisvoll, mitfühlend, helfend, gutmütig, friedlich. Es ist das Bauchgefühl, das uns den Weg zeigt und alle Extreme zusammenführt und ausgleicht.

> *Die fünf Farben täuschen die Augen der Menschen, die fünf Töne betäuben die Ohren der Menschen, die fünf Geschmacksrichtungen betören die Gaumen der Menschen, Hast und Eile verwirren die Herzen der Menschen, schwer zu erlangende Güter behindern die Wege der Menschen.*
>
> *Darum der Weise:*
>
> *Er lebt für den Bauch und nicht für das Auge, so vermeidet er das Eine und wählt das Andere.*
>
> *Daodejing*, Vers 12

Mit der Energie der Erde geschieht alles in Ruhe. Zeit zu haben, ist unabdingbare Voraussetzung für das Erreichen von echter Tiefe im Wissen. Zeit brauchen wir, um Erfahrungen zu machen. Mit dem Wissen ist nicht das gelernte Wissen gemeint, welches wir über den Kopf anhäufen, sondern die Erfahrung, die erst durch das Erleben und Fühlen im Körper gemacht wird. Erst dieser Erde-Prozess gibt echte Tiefe.

Schauen wir zu den Entsprechungen der Erde, entfaltet sie ihre Qualität als sichtbare und spürbare Manifestation auf verschiedenen Ebenen: Milz (Yin-Organ), Magen (Yang-Organ), Hirse, Erdboden (Lehm), Rind, Spätsommer, gelbe Farbe, die Zahl Fünf mit der Erde als Zentrum der Wandlungen, Planet Saturn.

Nach der Traditionellen Chinesischen Medizin sortiert und vergleicht die Milz das neu Wahrgenommene auf körperlicher, emotionaler und geistiger Ebene mit dem schon Vorhandenen, sie trägt die Gedanken mit. Die Milzenergie öffnet sich im Mund und offenbart sich in den Lippen, es ist das erste Umschließen dessen, was wir von der Umwelt aufnehmen, um den Prozess der »Verinnerlichung« zu beginnen. Der Mund signalisiert Sinnlichkeit und erstes Einfühlungsvermögen.

Als Yin-Organ ermöglicht die Milz den Transport der aufgenommenen und umgewandelten Substanzen und Flüssigkeiten von ihrem

Zentrum bis zur Peripherie. Als zentrale Instanz zur Produktion von Energie versorgt sie über die Verteilung von Nahrungsessenzen die Organe und das Blut und sorgt für die Aufrechterhaltung des gesamten energetischen Systems. Dabei bewegt sie das Klare nach oben und das Trübe nach unten. Ebenso kontrolliert und hält sie die Muskeln und die vier Extremitäten von ihrem Zentrum aus. Zudem hält sie das Blut in den Gefäßen.

Der Yang-Partner der Milz ist der Magen. Er ist die erste Instanz, der erste Aufnahme- und Verwertungsort für die Energie der Nahrung und der Flüssigkeiten. Hier entscheidet sich, ob wir etwas in uns behalten können und es schlucken oder es gleich wieder ausspucken, weil es nicht richtig für uns ist. Auf der geistig-emotionalen Ebene geschieht hier in dieser Assimilationsstufe die erste Vermengung eigener mit fremden, von außen kommenden Energien. Es ist der erste Kontakt, und es entscheidet sich hier, ob man etwas mag oder nicht und ob man sich überhaupt mit etwas so intensiv beschäftigen möchte, dass man es »herunterschlucken« will.

Der Magen ist in erster Linie zuständig für die Beschäftigung mit der Energie von anderen Menschen, was manchmal auch zu einer Überlastung seiner Kapazitäten oder zu Übelkeit führen kann. Der Magen leitet das Aufgenommene zu weiteren Verarbeitungsprozessen nach unten, man versucht zu verstehen und zu begreifen, was jemand sagt und fühlt. Man lässt sich auf jemanden ein. Erde-Bindungen mit anderen Menschen eingehen zu können, heißt, sein Ego mit dem des anderen zu verschmelzen. Das bedeutet aber nicht, sich in einem undifferenzierten »Samaritertum« zu verlieren und auf Dankbarkeit und Zuneigung von anderen zu spekulieren. Es soll nicht die Suche nach Bestätigung der eigenen Wichtigkeit und Unentbehrlichkeit durch andere sein. Es sind auch nicht die mode-, zeit- und kulturabhängigen Bestrebungen und Befriedigungen der Menschen, um irgendwelchen Idealvorstellungen von anderen zu entsprechen.

Die Erde zu nähren, heißt, etwas für sich selber zu tun, vorausgesetzt man weiß und hat das richtige Gespür für das, was einen nährt und wofür man brennt. Für etwas zu brennen, bedeutet, mit dem emporschlagenden, wilden Feuer der Leidenschaft und Liebe aus der Wandlungsphase Feuer Dauerhaftigkeit und Tiefe für eine Sache oder für das Aufeinander-Eingehen zu entwickeln. Dauerhaftigkeit und Tiefe sind jene Eigenschaften, die auch im Zusammensein mit den Menschen ein Zusammenwachsen von Individuen und das Verschmelzen ihrer Interessen und Gefühle bedeutet; ein Prozess, in dem das Akzeptieren auf Gegenseitigkeit beruht, in dem jeder in seiner Erde dazu in der Lage ist, aus sich heraus den anderen zu nehmen, wie er ist, und trotzdem aus dieser Beziehung etwas zu bekommen, was ihm Sicherheit, Selbstvertrauen und persönliches Wachstum zuteilwerden lässt.

Ohne dieses Bewusstsein für den zentrierten Blick aus dem Bauch heraus, würde kein Miteinander im eigenen Organismus oder im Miteinander der Menschen auf der Erde möglich sein. Es ist das In-sich-Ruhen, ein Zuhause zu haben, in das man sich zurückziehen kann, nicht mehr strebend und agierend, sondern die Kraft der Ruhe und Geborgenheit in sich aufnehmend. Es ist diese bewahrende und beschützte Atmosphäre aus einer festen, tragenden Bindung zur Mutter Erde, mit dem intuitiven Wissen, das alles wandelnde Prozesse sind, die entstehen und vergehen. Ein Symbol dieser Qualität ist die Schildkröte. Als Erdmutter und als Symbol für den Schöpfungsbeginn gebiert sie immer wieder neu. Sie steht für das Langlebige und das Unsterbliche, die sich immer wieder regeneriert und fruchtbar ist. Die Schildkröte, die sich aus dem weiblich schöpferischen Urmeer erhoben hat, stellt den Leib der Erde dar. Sie ist wie eine Insel im Meer, um den Menschen das Leben auf ihr zu ermöglichen. Im Daoismus entspricht der Himmel dem kuppelförmigen Rückenschild, der Körper in der Mitte ist die Erde oder der Mensch als Mittler und ihr Bauchpanzer verkörpert das Wasser.

Meditation

Der Weg zu Mutter Erde

Lege dich entspannt auf die Unterlage, die Beine ausgestreckt und leicht geöffnet, die Arme seitlich von dir. Schließe deine Augen, um den Blick von allen äußeren Eindrücken zu lösen und deine Aufmerksamkeit nach innen zu richten. Nach innen zu schauen und nach innen zu horchen, um den inneren Bewegungen zu folgen. Und da sind schon gleich die inneren Bewegungen deines Atems, die dich von der Oberfläche deiner Haut abholen und mit der Welle des Atems in die Tiefen deines Körperlandes mitnehmen.

Und so atme mit der Welle des Atems über den Brustkorb in die Tiefen deines Bauches... Atme in deinen Bauch und damit in die Mitte deines Körpers hinein... Steige dabei mit der Welle des Einatmens in die Höhe und in die Weite deines Bauches und sinke mit der Welle des Ausatmens in die Tiefen deines Bauches hinunter...

Mit jedem Ausatmen ein Immer-tiefer-Sinken und Herunterkommen, mit jedem Einatmen ein Immer-höher-Steigen und Sich-Ausdehnen. Atemwelle für Atemwelle, in die Tiefen hinunter und in die Höhen hinauf.

Und mit jedem Tiefersinken und Ausatmen ein Immer-mehr-Loslassen und Sich-Einlassen auf die eigenen Tiefen, um im Loslassen zurückzugeben, was du für eine Zeit deines Lebens dankbar nutzen durftest.

Es ist das Aussortieren und Loslassen von Vergangenem und Gewesenem und ein Zurückgeben in Dankbarkeit. Und mit jedem Loslassen von Vergangenem und Gewesenem ein Immer-mehr-Zurückgewinnen von eigenen und persönlichen Anteilen, ein Freilegen von verborgenen und geheimen inneren Seiten und ein Gewinnen von Vertrauen in die eigenen Tiefen und Sehnsüchte.

Und so atme aus, um mit jedem Ausatmen der eigenen Tiefe und damit der Erde in dir näherzukommen.

Es ist die Energie von Mutter Erde in den Tiefen deines Wesens, die dich als ihr Kind nährt, trägt, stützt und hält...

Es ist der geborgene Schoß von Mutter Erde in dir, in den du dich im Loslassen und Ausatmen immer weiter fallenlässt und anvertraust, um dir selbst ganz nah zu sein... und im Dasein aus dir selbst heraus zu schöpfen und Energie aus den eigenen Tiefen zu gewinnen und für einen neuen Einatem zu nutzen...

Es ist der Einatem, der dich mit der Welle des Atems wieder hinaufbringt in die Ausdehnung und die Weite, um einatmend dem Himmel in dir ein Stückchen näherzukommen.

Und je mehr Energie du in der Tiefe gewinnen kannst, desto höher kannst du einatmend wieder hinaufsteigen... Und so wird der Raum zwischen Ein- und Ausatmen immer größer und lebendiger.

Es ist ein Raum, der sich eröffnet, der immer mehr Spielfläche und Freiraum für das Eigene entstehen lässt... Nimm einmal dieses Gefühl zwischen Ein- und Ausatmen wahr...

Es ist der Umkehrpunkt zwischen den gegensätzlichen Bewegungen... Es ist der Raum ohne Bewegung, der Raum der Stille und der Ruhe, an dem du dir selbst ganz nah sein kannst...

Gehe einmal bewusst in diesen Raum hinein, indem du über eine Schwelle gehst, um die Welt der Gegensätze zu verlassen und in den inneren Raum der Mitte hineinzugehen...

Und im Weitergehen eröffnet sich dir eine innere Landschaft, die sich dir im Gehen anbietet und dich auf einen inneren Weg führt...

Lasse dich im Weitergehen von den inneren Bildern deiner Landschaft führen... von einer sich dir zeigenden Wegführung, von den Bäumen und Wäldern, vom Flusslauf und den Seen, von den Berghängen und Gebirgsketten, von den Feldern und den Steinen am Wegesrand...

Folge deiner inneren Führung und vertraue deiner inneren Stimme... Folge dem Weg, der sich dir zeigt, um einen ruhigen und energievollen Platz in der Landschaft zu finden, an dem du für einen Moment auf Mutter Erde verweilen kannst... einen Platz in der Landschaft, der dich zum Innehalten einlädt...

Suche dann acht Steine, die so groß sind wie zwei Hände und lege aus den acht Steinen einen Steinkreis... einen Steinkreis, um die geballte Energie der Steine zu nutzen und einen geschützten inneren Raum entstehen zu lassen.

Setze dich anschließend auf die Erde, in diesen geschützten Steinkreis hinein, schließe deine Augen und lausche und horche, was dich berührt...

Und da eröffnet sich dir eine Leinwand vor deinem inneren Auge, und du schaust auf diese Leinwand... Auf dieser Leinwand erkennst du dein Höheres Selbst. Es zeigt dir, wer du bist, wenn alle äußeren Hüllen fallen und alle getragenen Masken abgelegt werden.

Du schaust mit den Augen deines Herzens, die dir zeigen, wer du wirklich bist. Sie zeigen dir das Echte und das Wahrhaftige deiner selbst...

Du siehst dich in Bildern, die in dir aufsteigen... du erkennst dich in den Gedanken, die dir einfallen... und in den Gefühlen, die du körperlich spürst... Und du schaust, ohne zu urteilen und ohne zu werten...

Frage an dieser Stelle einmal das Erd-Element, wie es dich unterstützen könnte, wenn es um das Lebendig-Werden deines Selbst in deinem Körper geht... Schau auch hier auf den ersten Gedanken, auf ein inneres Bild oder auf ein aufsteigendes Gefühl...

In Dankbarkeit für alles Sichtbar-Gewordene und für all jenes, was du aus dir selbst heraus erfahren hast, bedanke dich bei der Energie der Erde in dir... und verabschiede dich von ihr...

Löse dich langsam aus der Verbindung mit der Erde und aus dem Steinkreis heraus.

In Dankbarkeit für den geschützten Kreis bring die Steine zurück an ihren Platz. ... Bedanke dich bei diesem Platz, der sich dir angeboten und dich eingeladen hat...

Gehe dann den Weg zurück durch die innere Landschaft... vorbei an den Wesen der Natur, die dich auf dem Weg hierher geführt und begleitet haben... Zurück über jene Schwelle, über die du schon einmal gegangen bist... zurück auf die andere Seite... zurück in die Welt der Gegensätze...

Und da holt dich auch schon die Atemwelle aus den Tiefen ab, um dich mit nach oben an die Oberfläche zu nehmen...

Und wieder begegnest du dem rhythmischen Wechsel von Ein- und Ausatmen, die sich mit jedem neuen Atemzug immer mehr annähern und damit den Raum dazwischen immer mehr verkleinern... und schließlich ineinander überfließen...

Es ist das Ineinander-fließen-Lassen des Atems, es ist das Verbindende, das du in der Mitte deines Körpers, in deinem Bauch erleben kannst. Es ist das Symbol des Kreises, ein Symbol für das Ganze, das du hier in deiner Mitte erfahren kannst...

Und so lege nun beide Hände auf den Bauch und kreise mit der Zeit. Kreise, um mit jedem Kreisen größer zu werden und zu wachsen... aus dir selbst heraus zu wachsen... so wie die Jahresringe eines Baumes mit jedem neuen Kreislauf den Baum von innen wachsen lassen und ihm damit immer mehr Stabilität und innere Sicherheit geben... Sicherheit, die aus sich selbst heraus entsteht und dem wahrhaftigen Dasein immer mehr Halt und innere Ruhe gibt.

Und so kreise größer werdend über den ganzen Körper... in Dankbarkeit für diesen Körper und für das, was dir über ihn mitgegeben wurde... und in dem Wissen darum, die begrenzte Zeit in diesem Körperdasein zu nutzen, um das Beste daraus zu machen... dir zuliebe und der Schöpfung zuliebe...

Die Luft – Der Weg nach oben

Im Luftelement ist der Einfluss des Himmels besonders wichtig. Es ist die Fähigkeit, sich für bestimmte Impulse der Individualisation zu öffnen und diese zu empfangen und nach deren Verinnerlichung wieder loszulassen. Die Luft schafft die Möglichkeit der Kommunikation zwischen Innen- und Außenwelt über die Atmung. Die Atmung verbindet die Erde im Menschen und die Bindungen mit der Außenwelt und löst diese zu gegebener Zeit wieder ab.

Das erste Loslassen von der Mutter Erde war die Geburt und mit ihr die Durchtrennung der Nabelschnur und der erste Schrei. Mit dem ersten Schrei beginnt das Leben außerhalb der Mutter und mit ihm der individuelle Rhythmus des Aufnehmens himmlischer Energie und des Abgebens nicht benötigter Energien. Mit dem rhythmischen Aufnehmen und Abgeben von Energie entsteht auch eine rhythmische Pulswelle im Blut, die die aufgenommene himmlische Energie ins Körperland hineinträgt. Das Blut als Lebenssaft des Menschen begleitet den Prozess der Individualisierung und des Wachsens im Menschen. Das Blut überträgt die nicht mehr benötigte Energie auf die Atemwelle zurück, um diese wieder aus dem Körperland hinauszulassen. So entsteht ein pulsierendes System des Aufnehmens und Abgebens in Verbindung mit dem gesamten Körperland und seinen Säften. Und mit ihm eine ständige Auseinandersetzung mit dem, was uns umgibt.

Damit eröffnet sich aber auch die Chance, Kontakte mit der Umgebung aufzunehmen, an ihnen zu reifen und zu wachsen und sie gegebenenfalls wieder aufzulösen, wenn sie unnütz für das Ich geworden sind. Das heißt, in einer dauernden Wandlung zwischen Aufnehmen und Abgeben zu sein, zwischen Aktivität und Ruhe, zwischen Feuer und Wasser. Denn eigentlich ist nur das an Erfahrungen, an Wahrgenommenem wirklich wichtig, was eine persönliche Relevanz hat, was persönlich wichtig ist und den einzelnen Menschen berührt. Das schafft Übersichtlichkeit, Ordnung, Orientierung und Sicherheit in jeder Lebensphase. Die energetische Grundlage dafür ist jedoch eine »gute« Erde und mit ihr das Vertrauen in sich selber.

Auf dieser Basis ist es möglich, sich erfolgreich aus alten Beziehungen zu lösen. Das Loslassen wird erst dann schwer, wenn die Erde stagniert. Festgefahren im »Schleim« vielfältigster Einflüsse und Eindrücke, ist sie mit der Qualität und der Quantität des Aufgenommenen überlastet, es sammelt sich Unverdautes und Unverdauliches an, was wiederum übermäßige Struktur, Enge und Starrheit entstehen lässt.

Das Luftelement schafft genauso wie der Herbst in der Natur die Klarheit, er lässt klare Entscheidungen und Strukturen durch das Loslassen sichtbar werden. So wie der Herbst die reifen Früchte des Spätsommers übernimmt und in die Speicher des Winters bringt, so erhält das Luftelement von der Erde das Gereifte, Aufgearbeitete, aber auch das Unbrauchbare, was es auszusortieren und zu verwerten gilt. So klärt und formt das Luftelement im Menschen die Unklarheiten, das Unverdauliche und Unverdaute, das Trübe und das Unentschiedene, damit das »Wertvollste«, das in der Erde Verborgene gefunden werden kann.

Wie das Gold führt das Luftelement den Menschen zu seinem formbaren, unzerstörbaren Schatz, nämlich seiner Einzigartigkeit und seinem unschätzbaren Wert. Diese Schätze werden wiederum in die Speicher unserer Identität gelegt und so dem Element Wasser übergeben, um damit dem Menschen als Grundlage seiner weiteren Existenz, seines weiteren Lebens zu dienen. Diese Schätze des Lebens sind es auch, die dem Menschen einen persönlichen Zugewinn bringen und das tatsächlich Wertvolle herauskristallisieren.

Dieser Kristallisationsprozess ist verbunden mit einem ständigen Loslassen und einem Verlust von alten Beziehungen. Trennungen vielfältiger Art können sich auf diesem Weg gravierend im Leben bemerkbar machen, besonders in den Übergangsphasen des Lebens; Übergangsphasen, die uns von frühester Kindheit begleiten: Kindergarten, Schule, Pubertät, Paarbeziehung, Geburt, Berufsbeginn, Klimakterium, Ruhestand, Tod… Phasen, in denen die gewohnten sozialen Ordnungssysteme verändert werden und neue noch unbekannte Lebensabschnitte beginnen.

Jede Veränderung bedeutet den Abschied von dem, was davor war, und gleichzeitig die Unsicherheit, was kommt. Die Vergangenheit existiert dann nur noch in der ganz persönlichen Erinnerung. Nur im Inneren bewahrt sich ein Abbild der Außenwelt, in der Außenwelt ist nichts stabil und ewig. Aber gerade dieser Wechsel birgt in sich die größte Kraft und das größte Potential. Und so ist jedes Erfahren von Grenzen, jedes Trennen und Loslassen und sein Erleben als Krise ein großes Potential für die Entwicklung des Menschen, um daraus persönliche Erkenntnisse und Erfahrungen zu schöpfen. Gewinnen und verlieren, einatmen und ausatmen, das eine besteht nicht ohne das andere. Und beide haben sowohl eine Innen- wie auch eine Außenwirkung. Etwas, was innen verbleibt, und etwas, was nach außen strebt.

So spricht man von einem Individuationsprozess des Menschen, der ein Wachsen und Wandeln zwischen Mutter Erde und Vater Himmel ist. Es ist das vorbehaltlose Akzeptieren des Kindes und ein erstes Ablösen beziehungsweise Entbinden des Kindes von der Mutter und die spätere Weiterentwicklung des Horizonts durch den Vater.

Dieses rhythmische Prinzip, der ständige Wechsel von Expansion und Kontraktion, lässt uns in stofflicher Hinsicht die Lunge erleben. Sie garantiert die rhythmische Kraft aller Lebensabläufe. Mit ihrem rhythmischen Wechsel von Empfangen, Transformieren und Abgeben unterstützt sie den freien Austausch zwischen Innen und Außen. In diesem Wechsel von Aufnehmen-Verwandeln-Loslassen wachsen wir als Person mit. Mit jedem Wachsen erweitern und verändern sich die Grenzen des Empfindens, die Wahrnehmung verfeinert sich, die Sensibilität und das Gefühlsleben werden intensiver.

Der Mensch erlangt immer mehr die Fähigkeit, mehr als das Immanente und das Bestehende wahrzunehmen und zu erkunden. Er nähert sich den himmlischen Dimensionen, dem Nicht-Sichtbaren, dem Nicht-Fassbaren, dem Grenzenlosen und dem Göttlichen, entwickelt Kräfte jenseits der erfassbaren Wirkmöglichkeiten und beginnt, über das Erkennen und Verstehen von Zusammenhängen zu staunen. Es öffnet sich der Weg in die Transzendenz und mit ihm der Weg in die unermessliche Ausdehnung des Kosmos über dem Menschen.

Die Zahl Neun steht in diesem Zusammenhang für einen zukunftsweisenden Wandlungszustand, für das Streben nach einer perfekten Einheit, die durch die Zehn vollendet wird. Die Zahl Neun leitet dabei den Schritt zur verbindenden Ganzheit ein. Ganzheit zu erleben, bedeutet, sich in den großen Zusammenhang des Ganzen einzufügen und seine Verwirklichung im Alltag zu leben. Der Mensch ist geworden, was er sein soll. Der Sinn seines Lebens ist restlos verwirklicht. Damit ist der Mensch in das Übermenschliche und ins Überirdische hineingewachsen und kann bescheiden zum Alltag, zu den Menschen zurückkehren. »Das Ungeheuerste ist erlebt, alle Höhen und Tiefen durchmessen und jene schillernde Grenze, wo sich Göttliches und Dämonisches zum Verwechseln ähnlich sehen, erkannt, alles in einer neuen Harmonie des Tuns aufgelöst«,[39] so Udo Lorenzen in der Betrachtung der übergeordneten Konzepte mikrokosmischer Landschaften. Auf diesem Weg werden »Himmel und Erde, Yang und Yin, Drache und Tiger« in ihrem Wesen und in ihrer Kraft erfahren.

Wer das leiblich erlebt und erfahren hat, kann auf »Drachen sitzen und auf Tigern reiten«, so das Sprichwort. Es handelt sich um den unendlichen Lebensfluss in uns, der durch alle Generationen fließt und sich im Geiste spiegelt. Es ist die Ankunft im Nirwana und die Erlösung, das heißt das Verlassen des ewigen Kreislaufs von Leben und

Sterben, von Wiedergeburt und Tod. Alle karmischen Kräfte sind nun überwunden. Der Mensch erleuchtet als wahres Wesen und als Stern auf Erden. Es ist der göttliche Weg des Menschen zum Nordstern.

Auch wenn sich auf dem Weg dahin vieles gewandelt hat, der Kern, »der Nordstern« des Lebens bleibt derselbe. Auf ihn als Grundtatsache, auf den Träger des Sinns von Welt und Leben kommt es an. Dieser Sinn soll in jedem bewegt und jedem Tun verwirklicht werden, um zur Reifung zu gelangen. Kongzi sprach dazu: »Wer Herrschaft ausübt durch Tugend, der gleicht dem Nordstern, er bleibt an seinem Platze, und alle Sterne drehen sich verehrungsvoll um ihn.« (Lun Yu II 1)[40]

Meditation

Der Weg in luftige Höhen

Lege dich entspannt auf die Unterlage, die Beine leicht geöffnet, die Füße nach außen fallend. Schließe die Augen, um dich von allen äußeren Einflüssen zu lösen und den Blick nach innen zu richten. Schau auf das, was dich innen berührt, wenn es außen ruhiger wird...

Da kommen die Bewegungen deiner Gedanken, die dich einfangen und an immer Wiederholendes anknüpfen wollen. Da kommen die Bewegungen deiner Gefühle, die mit den Gedanken einhergehen und an alten Erinnerungen aus der Vergangenheit festhalten wollen... Und da sind die Bewegungen deines Atems, die wie eine Welle in dein Körperland hineinfließen und herausfließen, die Neues einladen und Altes mitnehmen... die kommen und gehen... im ständigen Fließen...

Fließe mit der Welle deines Atems.... Fließe in dein Körperland, um im Ausatmen loszulassen... zurückzugeben... und mit jedem dankbaren Zurückgeben von Mitgetragenem und Aufgeschwungenem dich zu befreien und freier zu werden... freier zu werden, um dir selbst näherzukommen...

Atme immer tiefer hinunter, um im Hinunterkommen und Loslassen immer mehr von dir selbst zu gewinnen...

Je tiefer du loslässt, desto mehr gewinnst du... Und so gewinnst du im Loslassen das Vertrauen in die eigenen Tiefen, das Vertrauen in das Selbst und in das, was du leiblich und authentisch in dir selbst erfährst...

Atme aus, um dich dir anzuvertrauen und der Erde unter dir zu vertrauen...

Loszulassen, um in der Tiefe von Mutter Erde genährt zu werden, im Schoß von Mutter Erde gehalten und getragen zu werden, Geborgenheit und innere Wärme zu erfahren...

Und während dein Körper in den Tiefen von Mutter Erde ausruht und auftankt, ... steigt dein Einatem in den Brustkorb hinauf.

Atme ein, um in der Brust weit zu werden und in der Weite und Offenheit deiner Brust deine Lungenflügel zu entfalten.

Nutze das Potential deiner Lungenflügel, um dich zu öffnen und im Öffnen deiner Flügel deinen Brustkorb aufzumachen, um die Luft durch dich wehen zu lassen und weiter und leichter zu werden und dich auszudehnen und im Ausgedehnt-Sein weiter hinaufzusteigen....

Öffne dich in der Brust und nutze die Luft und das Potential deiner Flügel...

Entfalte deine Lungenflügel und fliege mit deinen Flügeln wie ein Vogel im Wind...

Das kann der Flügelschlag eines Kranichs... eines Adlers... oder einer Taube sein...

Fliege in die Höhe, in die Leichtigkeit, in die Weite, in das Grenzenlose, in das Zeitlose, das Ewige und das Unendliche... dem Himmel ein Stückchen näher...

Dorthin, wo es keine Vergangenheit und keine Zukunft gibt, wo alles jetzt in diesem Augenblick geschieht. Und nur der Augenblick zählt...

Genieße diese Leichtigkeit des Daseins, das Zeitlose und das Raumlose, die Fülle und die Leere, die Verbundenheit mit allem...

Fliege an jenen Ort, an dem du so sein kannst, wie du bist. Fliege an einen Ort, wo deine Sehnsucht dich hinführt und du heimkehrst und zu Hause sein kannst...

Genieße diese himmlische Leichtigkeit und dieses Gefühl, so sein zu können, wie du bist....

Und schau einmal zu, wie du dich zum Ausdruck bringst, wenn deine tiefste Sehnsucht erfüllt ist und du in dir zu Hause sein kannst...

Und schau, wie das Luftelement dich dabei unterstützt...

Genieße für diesen Moment dieses erhabene Gefühl und diese Glückseligkeit...

Und dann bereite dich langsam wieder vor, aus den Momenten der Leichtigkeit und der Schwerelosigkeit wieder herunterzukommen... auf den Flügeln schwingend und in Dankbarkeit für jede Erkenntnis auf diesem Weg nach oben...

Sinke wieder tiefer hinab zur Erde, um in der Tiefe der Erde deinen Körper wieder abzuholen... den Körper aus den Tiefen der Erde wieder heraufzuholen und den Ein- und Ausatem sich wieder einander nähern zu lassen...

Und so vereine Ein- und Ausatem in der Mitte deines Körpers miteinander. Spüre dich atmend in deiner eigenen Mitte.

Lege dazu beide Hände auf den Bauch, um deine inneren Atembewegungen zu spüren und wahrzunehmen, dass du wieder ganz in dir bist... in dir bist, um all die erlebten Erfahrungen zusammen mit dem Körper im jetzigen Leben umzusetzen, sie über deinen Körper lebendig und außen sichtbar werden zu lassen... in Dankbarkeit für diesen Körper und für all sein Potential, das du mit ihm entfalten kannst, um das Beste daraus zu machen.

Und so wie wir das Wesen der Elemente leiblich über die Meditation erfahren können, um Bewusstwerdung zu erlangen, können wir genauso den Gang in die Natur wählen, um am eigenen Leib zu spüren und die Tiefe der eigenen Natur zu erfahren.

6

Die Wandlung mit den Himmelsrichtungen und den Jahreszeiten

Die Beachtung der entsprechenden zeitlichen und räumlichen Energiequalitäten der Elemente unterstützt den Prozess der Bewusstwerdung und damit die persönliche Energiegewinnung. Auch in dem Bewusstwerden der verschiedenen Positionen des Mondes im Jahreskreis eröffnet sich die Chance, sich dem Leben und all ihren Verwandten auf dieser Erde zu öffnen und dabei vielen Erscheinungsformen der menschlichen Natur zu begegnen. Jeder Mond ist einem Tier, einer Pflanze, einem Mineral und einer Farbe zugeordnet und trägt einen Namen, der einen konkreten Bezug zum Jahreslauf und den Vegetationszyklen herstellt. Jede Mondzeit lädt deshalb dazu ein, den dazugehörigen pflanzlichen, tierischen und mineralischen Reichen die Zuneigung und Dankbarkeit für die jeweiligen Lektionen und Energien auf dem Weg der Erkenntnisgewinnung zu erweisen. Ich orientiere mich dabei an dem Buch »Das Medizinrad« von Sun Bear.

So können bestimmte Energiequalitäten in gewissen Zeiten und Ausrichtungen noch intensiver genutzt werden, um der persönlichen Absicht näherzukommen. Je mehr wir bestrebt sind, uns zu öffnen und von anderen Wesen zu lernen, desto schneller wird das eigene Vorankommen und desto größer das Wachsen sein.

Der Rückzug in die Tiefe – der Winter

Der 1. Mond des Jahres beginnt zur Zeit der Wintersonnenwende, die gewöhnlich am 22. Dezember eintritt. Die drei Monde des Nordens sind der *Mond der Erderneuerung* (22. Dezember – 19. Januar). Ihm folgt der 2. Mond der *Rast und Reinigung* (20. Januar – 18. Februar) sowie der 3. Mond als *Mond der Großen Winde* (19. Februar – 20. März). Es sind die drei Monde aus dem *Norden*, der Zeit des Winters, in der das Wachstum des vorangegangenen Jahres betrachtet werden sollte und man sich auf das Wachstum des zu erwartenden Jahres vorbereitet.

Der **Norden** steht für die Kälte und das Eisige der Dunkelheit und der **Nacht**. Es sind die rauen, kalten Winde, die wehen, und die eisigen Nächte, die herrschen. Die Natur hat sich zurückgezogen, alles bewegt sich in ihr nach unten und nach innen. Alle äußeren Erscheinungen in der Natur wurden losgelassen oder als nachhaltige Früchte hinterlassen. Die Pflanzen existieren lebenserhaltend, schöpfen von ihren Energiereserven sowie aus der Verbindung zur Mutter Erde.

Die **Erde** ist mit **weißem** Schnee bedeckt und verschließt die Oberfläche für die Zeit der **Winterruhe**. Auch die Tiere draußen sind ruhiger, langsamer oder ziehen sich zurück. Und so wie die Tiere haben auch die Menschen körperliche Energievorräte angelegt, sie werden etwas gemütlicher, langsamer, ruhiger und leiser.

Viele Menschen schlafen in dieser Zeit viel und träumen auch tagsüber vor sich hin. Es ist eine Zeit des Zusammenrückens und der inneren Einkehr, des Nach-innen-Schauens, um Bilanz zu ziehen. Es ist die Zeit, sich dem Vergangenen zu stellen. Das kann für manche wacklige zwischenmenschliche Beziehung auch eine Zeit der Prüfungen sein, die zur Folge hat, dass alte Verbindungen gelöst werden, in die man sich verfangen hat.

Es ist das Loslassen in Dankbarkeit, um in Dankbarkeit für das Gelebte und Erfahrene **zurückzugeben** oder auch Menschen zu vergeben und zu verzeihen. Es ist ein Sich-Befreien von Gefühlen und Gedanken, die nicht mehr mitgenommen werden wollen, und ein Dankbarsein für das, was am Ende an wahrer Erkenntnis und Essenz gewonnen wurde. Im Loslassen dieser Zeit aber auch das Sich-näher-Kommen. Und im Sich-näher-Kommen wieder das intensivere Wahrnehmen und Spüren und das Lauschen auf die eigene innere Stimme. Es ist das Lauschen und Horchen, um Botschaften in den Träumen und aus der Intuition zu empfangen, um sich entsprechend der eigentlichen Absicht des eigenen Daseins wieder neu auszurichten. Das kann schon einmal alle alten Pläne umstürzen.

Es ist diese besondere Zeit des Übergangs zwischen Loslassen und Sich-neu-Ausrichten, zwischen Sterben und Neu-geboren-Werden, um wieder einen neuen Kreislauf zu beginnen. Und so ist dieser Übergang auch eine Zeit der Wandlung, Wandlung, die in der Tiefe, im Dunklen und im Alleinsein und in der Stille zwischen den Welten passiert; die uns darin übt, geduldig zu sein und auf den richtigen Moment zu warten; und im geduldigen Abwarten dem Körper die notwendige Zeit zur Regeneration und Heilung zu geben, aufzutanken und sich zu nähren und sich in Reinheit auf einen neuen Kreislauf vorzubereiten, das heißt ihn mit gehaltvoller und hochwertiger Nahrung, mit viel Ruhe und Schlaf, mit langsamen inneren Bewegungen innerlich aufzubauen und zu stärken.

Es ist die Zeit, die Erde beziehungsweise den Körper als nährenden Boden auf jeglicher Ebene vorzubereiten, um die Voraussetzung für eine gute Saat im Frühjahr zu schaffen. Es ist die Zeit vor dem Neugeboren-Werden. Das schließt auch das Geistige mit ein, denn auch die geistige Energie kann das Neue vorbereiten, indem die bevorstehenden Dinge gedanklich durchdacht werden und man sich darauf einstellt.

Der Neuanfang – der Frühling

Es folgt die Zeit des ***Ostens*** und des Frühlings, die des neu angefachten Wachstums, um alle Kinder der Erde zu erleuchten und sie darauf vorzubereiten, zu wachsen und in der ihnen gemäßen Weise Früchte hervorzubringen. Der erste Mond des Ostens ist der *Mond der Knospenden Bäume* (21. März – 19. April), der zur Zeit des Frühlingsäquinoktiums beginnt. Es folgen der *Mond der Wiederkehrenden Frösche«* (20. April – 20. Mai) und der *Mond der Maisaussaat* (21. Mai – 20. Juni).

Nach einer Zeit der Dunkelheit geht im **Osten** die Sonne auf. Es ist die Zeit, aus dem Schlaf der Nacht und des Winters zu **erwachen**, mit der **Morgendämmerung** aufzustehen und in äußere sichtbare Bewegung zu kommen. Es ist der Morgen und im Jahreskreis der **Frühling,** das

Erwachen und Begrüßen der Natur, die ihre ersten zarten Knospen aus der Dunkelheit der Nacht an das **Licht** des Tages bringt. Es ist der Neubeginn, der mit dem Einatmen beginnt, in die **Öffnung** und in die Weite geht, sich ausdehnen möchte und wachsen will. Es ist der Beginn eines Kreislaufs und das **Geborenwerden.**

Viele Tiere wachen auf, bewegen sich voller Lebenslust und paaren sich, tragen ihre Jungen aus und lehren sie die Dinge des Lebens. Und mit dem Geborenwerden überkommt sie ein Staunen über die Vielzahl der Möglichkeiten und Farben, ein Offen-Sein für alles, ein Versprühen von Energie und Willenskraft, ein Tatendrang, nach außen zu gehen und sich im Unbekannten auszuprobieren, nichts unversucht zu lassen, neugierig zu sein und sich für Neues begeistern zu können und kreativ zu sein, so wie es einem unbeschwerten jugendlichen Dasein entspricht. Die Energie steigt aus der Tiefe nach oben und strahlt zu allen Seiten aus.

Es ist die Kraft der Erleuchtung, die wir erlangen können, wenn wir unseren richtigen Platz im Universum kennen, wenn wir um die Einheit mit all unseren Verwandten wissen und um die Liebe, die der Schöpfung von Anfang an Kraft verliehen hat. Es ist eine Zeit, in der viel Leichtigkeit, Energie und Intensität da sind, so dass Wachstum auf allen Ebenen möglich ist. Es ist so viel Energie da, um aus sich selbst heraus zu wachsen, Flügel zu entfalten und geistig abzuheben, um dem Himmel (**Luft**) ein Stückchen näher zu sein und aus einer anderen Perspektive zu schauen, um aus einem anderen Blickwinkel die wahren Zusammenhänge klarer und deutlicher zu erkennen und zu verstehen. Diese Art von »Sehen« lässt uns vieles Gelebte der Vergangenheit in Frage stellen, löst alte Verbindungen auf und motiviert dazu, neue Verbindungen einzugehen. Es ist eine Zeit, die alten Glaubensmuster neu zu überdenken und **geistige Ordnung** und Klarheit herzustellen.

Das Entdecken immer neuer Zusammenhänge auf der geistigen Ebene weckt zudem das Bedürfnis, anderen das Gesehene mitzuteilen, es ist das Bedürfnis, neue Beziehungen einzugehen, mit anderen zu kommunizieren, andere zu begeistern, um das gewonnene Wissen zu teilen und zusammen zu staunen. Die Gefahr besteht darin, mit der eigenen Begeisterungsfähigkeit und der vollen Lebensenergie anderen Menschen zu viel zuzumuten und zu viele Weisheiten zu erzählen, so dass andere Menschen sich überwältigt oder bedrängt fühlen oder das Gefühl, missioniert zu werden, aufkommt. Werden diese Energien nicht kontrolliert eingesetzt, kann es durchaus möglich sein, dass sich der andere in eine defensive Position begibt, was ein Zusammenarbeiten an größeren Projekten erschwert.

Der Höhepunkt – der Sommer

Als nächstes kommen die Monde des ***Sommers*** und des Südens. Es sind die Monde des raschen Wachstums, wenn die ganze Erde zum Erblühen kommt und die Früchte für das Jahr hervorbringt. Diese Zeit beginnt am 21. Juni, der Zeit der Sommersonnenwende, mit dem *Mond der Kraftvollen Sonne* (21. Juni – 22. Juli), es folgen der *Mond der Reifenden Beeren* (23. Juli – 22. August) sowie der *Mond der Ernte* (23. August – 22. September).

Mit der Offenheit und der Fülle an Energie ist schnelles Wachstum möglich. In dieser Zeit des schnellen Wachstums wird nichts in Frage gestellt oder angezweifelt, es wird einfach getan. Die Frau entfaltet ihre **volle Blüte** und zeigt alles, was sie hat. Das Zeigen der geöffneten Blüte entspricht dem extrovertierten und lauten Lebensstil im **Sommer**.

Der Sommer wird mit dem **Süden** in Verbindung gebracht. Es ist der Höhepunkt des Daseins. Es ist das Bedürfnis, schnell zu wachsen, um grenzenlos mit Himmel und Erde verbunden zu sein, zu empfangen und dabei neue und intensive liebevolle Beziehungen einzugehen. Die Zeit entspricht dem Erwachsensein. Es ist das Spiel mit der **Liebe** und der Leidenschaft, die bis zum Finden des richtigen Lebenspartners geht. Und mit der Wahl des richtigen Lebenspartners entsteht jene Kraft, die alle Kinder der Erde zur Paarung führt, damit das Wachstum, das sie erfahren haben, weiter gedeihen kann.

Wahre Liebe bedeutet, bedingungslos und frei miteinander zu sein. Die Gefahr in einer partnerschaftlichen Liebe besteht darin, sich in einem »Zuviel« und einem »Zu-Intensiv« zu verlieren und alles auf einmal zu wollen. Denn die Gefühle des **Herzens** können schnell ein Feuer der Leidenschaft und der Grenzenlosigkeit entfachen, welches die Frau gefühlsmäßig dahinfließen lässt (**Wasser**) und die Substanz verbraucht. Wenn diese intensiven Gefühle zu einer Person entstehen, ist es wichtig, zu differenzieren, das heißt hinter die Gefühle zu schauen und sich selbst in der eigenen Bedürftigkeit zu erkennen. Warum fühle ich mich so zu einer bestimmten Person hingezogen? Ist es die Fähigkeit dieses Menschen, sich sprachlich gut auszudrücken, oder ist es der Charme, den er ausstrahlt, ist es die Fürsorglichkeit für andere Menschen, ist es der Humor, das tiefe Vertrauen oder die Naivität? Was lehren mich diese intensiven Gefühle zu dieser Person? Wonach sehne ich mich?

Dies sind Fragen, die nach Ehrlichkeit und Wahrhaftigkeit in der eigenen Tiefe rufen. Das hat aber auch zur Folge, jenes Verborgene in der eigenen Tiefe loszulassen, was der wahren Liebe im Wege ist, etwa Eifersucht, Angst, Hass, Neid oder Wut, damit sich die eigenen Wurzeln noch fester in der Erde verankern und Wachstum in Richtung der wahren Liebe möglich werden kann. In dieser fühlenden Intensität ist es gut, einen wachen Verstand zu haben, um zwischen dem Verlangen nach wahrer Liebe und dem Verlangen nach Sexualität zu unterscheiden. So ist ein wacher Verstand in dieser intensiven Gefühlszeit ein **Schutz**mechanismus, um sich nicht in den Gefühlen zu verlieren und die Folgen und Konsequenzen ausgelebter Gefühle vorausschauend zu durchdenken.

Letztendlich strebt diese Zeit nach schnellem Wachstum auf allen Ebenen. Ein starkes Feuer der spirituellen Leidenschaft und damit ein schnelles Wachsen und Ausdehnen birgt jedoch die Gefahr, die irdischen Früchte nicht tragen zu können und nur in den Dingen jenseits des irdischen Bereiches zu suchen. Das kann zur Folge haben, dass die augenblicklichen Momente in diesem Körper nicht erfahren und ihre Botschaften nicht empfangen werden können.

Das Loslassen – der Herbst

Der Herbst ist die Jahreszeit des ***Westens.*** Es sind dies die Monde, die uns die Zeit der Selbstprüfung bringen, die Zeit, Kraft zu sammeln, nach innen zu blicken und Wachstum und Fortschritt der vorangegangenen Jahreszeiten zu betrachten. Der erste Mondzyklus beginnt am 23. September, dem Tag des Herbstäquinoktiums, mit dem *Mond der Fliegenden Enten* (23. September – 23. Oktober), es folgen *Der Mond der Ersten Fröste* (24. Oktober – 21. November) und der *Mond des Langen Schnees* (22. November – 21. Dezember). Dies ist die Zeit, sich auf die Jahreszeit der Ruhe und Erneuerung vorzubereiten.

Nach einer Zeit intensiven Wachstums folgt die Zeit des **Erntens** und des **dankbaren Zurückgebens** an die Erde. Es ist die **abendliche Stimmung im Westen** des Tagesverlaufes, das langsame Herunterfahren im Tagesgeschehen. Es ist der **Herbst** im Jahresverlauf, das erste Loslassen von äußeren und materiellen Hüllen und das Fallenlassen der Samen in die Erde, um sich auf die kommende ruhige Zeit vorzubereiten und sich den spirituellen Dingen zuzuwenden.

Es ist das Erwachsenenalter, das Verlangsamen im Leben, die Reife und das Bewusstmachen der vielen kleinen Tode um uns herum. Das Thema der eigenen Sterblichkeit rückt dabei immer näher. Und mit der Auseinandersetzung mit der Endlichkeit dieses Daseins entsteht das Bedürfnis, **Verantwortung** für die Menschen der Erde zu übernehmen und mit den gegebenen Fähigkeiten, Talenten und Neigungen den Menschen etwas Nachhaltiges zu hinterlassen. Dieses Nachhaltige ist in einem langen Prozess des Wachsens und des Reifens, der Erfahrung und der Sachkenntnis gewachsen. Durch langjährige Erfahrung auf ihrem Weg der Selbsterkenntnis weiß die Frau genau, wo ihre eigenen Stärken und Schwächen liegen, wo Gewohnheiten und automatisierte Abläufe die Energien einsparen und wo Gewinne und Verluste entstehen.

Die Frau ist auf ihrem Weg zu einer starken Persönlichkeit gereift und lässt sich nicht mehr so schnell von den Verlockungen und Verführungen der Jugend verblenden. Sie geht ihren eigenen Weg mit ruhigem und friedlichem Herzen. Zudem mobilisiert die Frau in dieser Zeit enorme Kräfte aus sich selbst heraus, die sie gerne zu deren Wohlergehen mit anderen Menschen teilen möchte. Aus ihrem langjährigen Wissen und der Freiheit heraus findet die Frau stets Möglichkeiten der Lösung, sowohl für die Kinder als auch für die Alten. Sie lehrt andere, was es mit Stärke, Anpassungsfähigkeit, Verantwortung, Unterweisung, Kompetenz, Führung und Macht auf sich hat. Es ist die Zeit des spirituellen Lehrens (**Feuer**) und Führens, um mit ausreichender Lebenserfahrung andere Menschen auf ihrem Weg zu begleiten.

Schwierig wird es für jene Frauen, die diese Zeit des Erntens und Loslassens nicht leben können, weil sie Angst vor Verantwortung, Reife und vor Stärke haben. Schwierig wird es für Menschen, die den Sinn ihres Lebens bis dahin nicht gefunden haben und auf der Suche bleiben und nicht zur Ruhe kommen oder sich in ihrem Tun in den Schwächen der anderen verlieren.

7
Die Herausforderungen des Wandelns

Das Neue unserer heutigen Zeit breitet sich bereits unterschwellig aus und verändert etwas in der Tiefe, deren Auswirkungen uns oft noch nicht ganz klar sind. Die Veränderungen sind eher auf der energetischen Ebene spürbar als auf der Ebene des Verstehens zu erklären. Vieles ist bereits im Wandel. Mancher Wandel läuft nicht ohne Herausforderungen ab. Es sind schleichende Wandlungsprozesse, die mit einer Erhöhung der energetischen Frequenz und mit einem intensiveren energetischen Fließen einhergehen. Dieses intensive und schnelle Fließen von Energien zeigen uns bereits die globalen energetischen Bewegungen auf unserem Planeten sehr deutlich. Auch hier zeigt sich schon eine deutliche energetische Symptomatik, zum Beispiel in nicht vorhersehbaren Wetterprognosen, in einer globalen Erhitzung, in starken Stürmen und Regenfällen…

Auf der Kommunikations- und Technikebene sind wir bereits so weit miteinander vernetzt, dass Informationen jeglicher Art in schnellster Geschwindigkeit übertragen werden können. Dabei entstehen immer wieder neue Netzwerke unterschiedlicher Verbindungen, die die Flexibilität, Anpassungsfähigkeit, Spontaneität und Vernetzung immer weiter fördern. Sich auszuprobieren, Erfahrungen zu sammeln und die Bereitschaft zu haben, ständig etwas Neues dazu zu lernen, sind Qualitäten, die unserer heutigen Zeit entsprechen. Sichtbar wird in Bewegung kommende Energie auch daran, wenn immer mehr Menschen den Mut haben, ihr gewohntes Leben aufzugeben, um sich neu zu orientieren und das Leben in andere Bahnen zu lenken.

Mit dieser Lebendigkeit können allerdings nicht alle Körper umgehen, da sie vielfach in alten Glaubensmustern und früheren emotionalen Prägungen »festhängen«. Diese alten Glaubensmuster und Gedankenstrukturen lassen nur ein eingeschränktes, von bestimmten

Bedingungen und Modalitäten abhängiges Dasein im Körper zu. Mit dem Fließen höherer Energiefrequenzen werden allerdings auch schlummernde und verborgene Krankheitsprozesse in den Tiefen der Körper angeschoben, um daran zu wachsen, zu reifen und Bewusstheit zu erlangen. Der Körper bietet sich über die Körpersymptomatik für den Prozess der Bewusstwerdung an. Wird dieser Weg der Bewusstheit für die eigene Körpersymptomatik nicht genutzt und erlöst, erkranken die Menschen schwer und sterben früh.

So wie der Mensch den Prozess der Bewusstwerdung körperlich nutzen kann, ist auch die Erde in solch einem Bewusstwerdungsprozess. Wir können zusammen mit der Erde und ihren Naturwesen diesen Prozess der Bewusstwerdung gehen. Die Naturwesen stehen uns freiwillig als Lehrer und Begleiter zur Verfügung, wenn wir bereit sind, uns fühlend und wahrnehmend auf sie einzulassen und ihre Botschaften zu empfangen.

Ich möchte dich auffordern, Augen und Ohren, dein Denken und dein Herz zu öffnen und das Magische zu erkennen; auf die Pflanzen zu hören, die uns sagen, welche wir verzehren können, um gesund zu sein; den Tieren zu lauschen, während sie uns ständig ihr Wissen, ihre Liebe, ihre Nahrung und ihre Botschaften anbieten; auf die Weisheit der Steine zu hören, die seit Urbeginn aller Zeiten ihren Platz auf dieser Erde haben; die Botschaften des Wassers zu verstehen wie auch die Lieder und Geschichten zu hören, die die Winde mit sich tragen. Mit ihnen zusammen erfährt das Leben eine stete Veränderung und Beweglichkeit in der Absicht, noch mehr Lebensfreude und Liebe im eigenen Dasein zu entdecken. Wenn wir unsere Herzen öffnen, wird das Licht der Liebe und der Verbundenheit mit allen Wesen, die das Universum erschaffen hat, hereinströmen und jene abgeflachten und trostlosen Landschaften innen und außen erleuchten.

Die Möglichkeiten der Vernetzung unserer neuen Zeit sind dafür eine große Chance, an den Gegebenheiten der Zeit seelisch mitzuwachsen und zu reifen. Dieser Reifungsprozess ist ein globaler Regenerations- und Heilungsprozess. Dabei gelingt nicht alles auf Anhieb. Energetisch geht es hinauf und hinunter wie bei einer Achterbahn. Manchmal dominieren die alten Gefühle und Gedankenstrukturen und lassen das Neue einfach nicht herein. An anderen Tagen gelingt es gut, sich auf die Wahrnehmungsfähigkeit einzulassen, sich zu öffnen, zu spüren, sich selbst zu beobachten und dem Wahrgenommenen zu vertrauen. In diesen erhabenen Momenten ist zu spüren, dass es scheinbar noch so viel mehr gibt, als das, was uns die äußere Welt und unser Alltagsbewusstsein suggerieren.

Es gibt noch so viel mehr, was keiner ansatzweise erahnt oder gar sehen kann, der nicht selbst den befreienden Weg im Körper erlebt. Es gibt etwas, was so großartig ist und die Frau wieder staunen lässt. Manchmal kommen dabei ganz erstaunliche Impulse zurück, die auf der Verstandesebene nicht erfasst werden können. Es ist etwas, das sich wie ein Geschenk anfühlt, das ich wahrhaftig spüren kann, wenn es still wird und ich wieder lausche, horche und spüre und der eigenen Wahrnehmungsfähigkeit vertraue. Dieses Gefühl ist so großartig, dass Worte nicht ausreichen, es umfassend zu beschreiben.

Es sind die Augenblicke, in denen ich leer bin und gleichzeitig Fülle, Verbundenheit und tiefe Liebe erfahre. Ich erlebe Situationen, in denen ich spüre, dass ich nicht alleine bin, sondern Hilfe und Unterstützung von Naturwesen und Menschen bekommen kann, mit denen ich in tiefer Liebe verbunden bin. Wenn ich mein Körperland befreit habe und mit mir in Liebe verbunden bin, kann ich nämlich auch ihre Botschaften empfangen. Es sind diese Augenblicke, die mich darin bestärken und mir zeigen, dass es sich lohnt, auch die Phasen intensiver Herausforderungen und die Prüfungssituationen auszuhalten, etwa solche, die unvorbereitet und überraschend den Alltag bestimmen; Situationen, in denen Entschlossenheit und Entscheidungsfähigkeit geprüft werden und ob ich wirklich aus tiefstem Herzen für diesen neuen Weg bereit bin.

Diese Herangehensweise an das Leben ist noch sehr neu und ungewohnt für mich. Ich fühle mich nach meinem zwanzigjährigen Befreiungsweg wie eine Anfängerin auf einem noch viel größeren Weg. War das bisher alles nur Vorspiel für eine größere kommende Erfahrung? Und was bedeutet das im einzelnen für das alltägliche Leben in einer Gemeinschaft und in einem kollektiven Ordnungs- und Glaubenssystem? Ich möchte einige vielleicht anfangs herausfordernde

Übergangsprozesse des Loslassens und Neufindens dazu schildern, um Orientierung zu geben und ein Bewusstwerden zu unterstützen.

Dazu gehört zum Beispiel das tief in uns verankerte Bedürfnis, einer Gemeinschaft beziehungsweise einer Familie im kleineren Sinne anzugehören. Mit zunehmender Erkenntnis wächst auch das Gefühl, zu der alten Gemeinschaft »nicht mehr dazuzugehören«. Die Frau wird immer mehr zu einer stillen Beobachterin der äußeren Geschehnisse. Sie erkennt die Ausrichtung und die Gewichtung anderer Menschen deutlicher, nimmt Abstand davon und löst sich damit schleichend aus diesem kollektiven Massenbewusstsein.

Es kann sein, dass sie dabei immer intensiver empfindet, in keine Gruppen und Räume mehr zu passen und sich in keine engen Strukturen und Ordnungssysteme mehr einordnen kann. Das kann die Folge zunehmender Wahrnehmungsfähigkeit und Sensibilität sein, die das Bedürfnis nach Alleinsein und Rückzug der Frau immer mehr nähren. Diese Zeit des Rückzugs und des Alleinseins ist allerdings auch notwendig, damit sich das Eigene in ausreichender Zeit entfalten kann und den Geist reifen lässt. Denn es bedarf Zeit zum inneren Wachsen, weil es mit einem vollständigen Umdenken und Loslassen eingefahrener Gedankenmuster und Glaubenssätze verbunden ist.

Das Ziel dieses Prozesses ist es, aus sich selbst heraus zu wachsen und dabei immer mehr den eigenen Platz und einen neuen energetischen Raum im Alltag einzunehmen. Den eigenen Raum einzunehmen, bedeutet auch, sich aus Abhängigkeiten von anderen zu lösen, beispielsweise von Lehrern, Meistern und Therapeuten, die für eine bestimmte Zeit den Weg der Erkenntnis begleitet haben. In Dankbarkeit und in Respekt die gewonnenen Erkenntnisse zu betrachten und von nun an die freigelegten schöpferischen Fähigkeiten mit dem eigenen Energiepotential in das Leben hinauszutragen und das Leben zu seinen Gunsten zu gestalten, ist ein großer Prozess. Tief im Inneren bleibt jedoch die Sehnsucht nach Verbündeten, die Sehnsucht, eine energetische Familie zu haben.

In diesem Prozess des Lösens und Loslassens, der auch mit viel Traurigkeit im Brustkorb einhergeht, können Gefühle von Orientierungslosigkeit sowie »alles in Frage zu stellen« entstehen; nicht zu wissen, wo man jetzt hingehört oder wie die Zukunft aussieht. Die Grenzen des vertrauten »Schubladendenkens« lösen sich. Alles wird in Frage gestellt, an der Wirklichkeit gezweifelt. Fragen nach noch tieferen und versteckteren Manipulationen kommen auf, Informationen von außen wird nicht mehr vertraut. Es geht immer mehr um Selbstverantwortung, mit der Folge, die Konsequenzen aus dem Handeln selbst zu tragen. Dadurch gibt es keinen festgeschnürten langfristigen Plan mehr, an dem man sich festhalten oder wo man andere verantwortlich machen kann. Wer dieses Gefühl nicht aushalten kann, entwickelt schnell Gefühle der Angst, des Schwankens und der Unsicherheit, mit der Folge, wieder verstärkt Sicherheit und Kontrolle aufzubauen, um sich festzuhalten.

So kommt es, dass in dieser Phase des Wandelns Gefühle des Auf und Ab erlebt werden. Mal sehe ich die Fülle und das Potential in mir und den anderen Menschen und fühle mich verbunden mit meiner inneren Natur und der Natur außen. Und dann gibt es Situationen, das sind meist intensive Gruppenbegegnungen über einen längeren Zeitraum mit Menschen anderer Bewusstheit, in denen besonders der Mangel in der eigenen Person sowie den teilnehmenden Personen intensiv erlebt wird. In diesen Begegnungen ist es empfehlenswert, sich regelmäßig zurückzuziehen, um das Eigene wieder zu nähren und auf Fülle auszurichten.

In diesen Situationen empfehle ich, nicht in die Bewertung und das Beurteilen anderer Menschen und der eigenen Person abzugleiten. Ein So-Lassen und Annehmen beugt vor, keine eigene Energie im Zusammensein mit Menschen anderer Bewusstheit zu verlieren. Das So-Lassen lässt auch kein Heldentum und auch kein Gefühl des Besser-Seins entstehen, das ebenso zu eigenem Energieverlust führen kann. In Stille mit sich selbst verbunden zu sein, nährt und heilt und lässt Begegnungen und Situationen außen aushalten, ohne dabei Energie zu verlieren. Auch das Gewahrsein einer schützenden Ausrichtung des eigenen Energiefeldes hilft, den persönlichen Raum zu halten und die Energie zu bewahren. Diese schützenden Maßnahmen immer wieder zu ritualisieren und mit Energie aufzuladen, intensiviert die Ausrichtung auf den Schutz der eigenen Energien.

Je intensiver das eigene Energiefeld wächst, desto stärker wird das Strahlen nach außen. Mit dem eigenen Ausstrahlen wächst allerdings auch eine schützende Abgrenzung mit, die im klaren Bekennen zur eigenen Echtheit und Wahrhaftigkeit natürlich entsteht. »So bin ich, ob es euch nun gefällt oder nicht.« Es erfordert viel Mut und erfordert viel Energie, diese Wahrheit ins Leben zu bringen, zu den eigenen Schwächen zu stehen und die inneren Stärken zu nutzen. Das kann zum einen dazu führen, Vorbild für andere Menschen zu werden. Sind die Zweifel und Ängste der anderen Menschen jedoch sehr groß, kann die Frau das Gefühl haben, von außen angeschaut und beobachtet oder vielleicht sogar belächelt zu werden. Auch wenn die Frau es im Inneren als richtig empfindet, wird ihr Anderssein im Außen erst einmal abgelehnt und abgewertet.

So ist jede Phase des Wandelns eine Herausforderung für das alltägliche Leben. Das Bedürfnis, etwas zu wissen und leiblich zu spüren, beginnt langsam durch den Hals nach oben zu drängen und will ausgesprochen werden. Ein Prozess, der über die Wandlung in den unteren Ebenen des Körpers auf eine neue spirituelle Ebene steigt, alles Erlernte und Erarbeitete loslässt und sich nur noch dem Öffnen und Empfangen hingibt. Und auch hier erfahren wir wieder Inspiration und Eingebung durch jene Elemente, denen wir schon in den unteren Ebenen des Körpers und in der Natur draußen begegnet sind. Es sind die Elemente des Lebens, die im energetischen Miteinander den Mikrokosmos mit dem Makrokosmos verbinden.

8
Unterstützung für den Prozess der Wandlung

Die spirituellen Gesetze

Grundlegende Wandlungsprozesse beinhalten sowohl den Abschied von etwas Altem beziehungsweise das letzte Ausatmen eines Sterbenden als auch das Empfangen von etwas Neuem beziehungsweise den ersten Atemzug eines Neugeborenen. Das alte Schubladendenken und die damit einhergehenden trennenden Gedankenstrukturen weichen langsam und oft schmerzvoll der wachsenden Sehnsucht nach Wahrheit, Echtheit und globaler Verbundenheit. Ein neues globales Bewusstsein beginnt langsam im Menschen heranzureifen.

Dieser Reifungsprozess ist in der Phase des Übergangs mit Ängsten, Verwirrungen, Sorgen und Schwierigkeiten verbunden, bevor Freiheit, Klarheit, Gelassenheit und Freude sich zeigen können. Aber wie finden wir den Frieden in uns und im Zusammensein mit anderen?

Es gibt allgemeingültige spirituelle Gesetze, die von der großen Wahrheit sprechen und über die Vorstellungen von Zeit, Glauben, Religion, Moral, Traditionen und Kultur hinausgehen. Diese spirituellen Gesetze sind in das Gefüge unserer gesamten Existenz eingewoben. Sie betreffen sowohl die Zyklen der Jahreszeiten, die Bewegungen und Wandlungen der Elemente, der Planeten, der Pflanzen und Tiere und ebenso die Wandlungen des Menschen. Sie lenken nicht nur die Mechanismen der Natur, sondern alle Aspekte der Existenz. Wer diese Gesetze kennt und in schwierigen Phasen befolgt, erhält Unterstützung und Orientierung und findet Erfüllung und Frieden auf seinem Weg. Die Wahrheit der Natur sowie das Empfinden und Wahrnehmen des Natürlichen im eigenen Körperland geben uns Zugang zu diesen tiefen verborgenen Weisheiten und lassen uns diese spirituellen Gesetze bewusst werden. Ich möchte sie im Zusammenhang mit persönlichen

Erlebnissen weitergeben, um wichtiges Handwerkszeug für die Zeit des Übergangs mitzugeben. Ich lehne mich dabei in Teilen an die »Universellen Lebensgesetze des friedvollen Kriegers« von Dan Millman (Heyne, 2005) an, ergänzt durch eigene Eingebungen und Inspirationen.

1. Aus der Mitte heraus

Gibt es Situationen und Gelegenheiten, in denen ich das Gefühl habe, zufrieden und ausgeglichen mit mir und meinem Tun zu sein? Was fällt mir besonders leicht in meinem Leben und macht mir keine Probleme? Sich täglich diese Frage zu stellen, richtet meine Aufmerksamkeit immer mehr auf jene Dinge, die mir und meinem Gleichgewicht entsprechen. Vielleicht bist du anfangs entsetzt, dass dir auf Anhieb nicht so viele Dinge dazu einfallen und du diese zufriedenen Momente nur als einsame kleine Inseln im Tagesverlauf erlebst. Aber je länger der Fokus auf diese Ausrichtung geht, desto mehr zufriedene und dankbare Momente kommen in die Bewusstheit. Aus kleinen einsamen Inseln werden größere Inseln, die immer mehr Raum im großen Ozean einnehmen.

In diesen Momenten der persönlichen Zufriedenheit und der Ausgeglichenheit spüre einmal in deinen Körper hinein. Wie fühlt sich ein echtes körperliches Gleichgewicht an? Wie fühlt es sich an, wenn ein Zuviel entleert und ein Zuwenig gefüllt wird? Die Wahrnehmung der Atmung ist dazu eine gute Möglichkeit, im Ausatmen ein Zuviel zu entleeren, herunterzukommen, der Erde ein Stückchen näher zu sein und sich anzuvertrauen und im Einatmen ein Zuwenig aufzufüllen, sich nach oben auszurichten und dem Himmel ein Stückchen näher zu sein. Die Atmung gibt den Ausgleich zwischen Oben (Kopf) und Unten (Fuß), zwischen Himmel und Erde, zwischen den spirituellen oberen Ebenen und den materiellen unteren Ebenen.

Das Gleichgewicht zu finden, bedeutet, sich in der mittleren Achse auszurichten und sich der eigenen Körpermitte zu nähern; das heißt, sowohl mit der unteren materiellen Ebene in Verbindung zu sein als auch mit der oberen spirituellen Ebene, sowohl im Garten zu arbeiten, das Beet zu bestellen, das Essen zu bereiten, als auch in der Meditation oder in Schamanischen Reisen mit den höheren Ebenen und Wesen verbunden zu sein; zwischen den Ebenen zu »switchen«, und das alles ohne Wertung, Hochmut und Urteil. Das Ziel ist die Mitte, ein Raum in mir, in dem ich mir selbst ganz nah bin; ein Raum, in dem ich wahrnehme, was mich und meine Wahrhaftigkeit ausmacht. Das ist nicht die Ausrichtung zwischen Gut oder Böse, sondern der Weg meiner Erkenntnis und Wahrhaftigkeit aus der Mitte heraus. Aus der Mitte bekomme ich die Impulse und Eingebungen zum richtigen Zeitpunkt. Mahatma Gandhi sagte: »Himmel und Erde sind in uns«, vereint in der Mitte. Das Gefühl, die Mitte zu finden, sich ihrer bewusst zu werden, den Mut zu entwickeln, die eigene Wahrheit auszusprechen und sogar in Taten umzusetzen, ist bereits eine riesige, oft lebenslange Aufgabe. Denn am Ende zählen nur die sichtbaren Resultate und nicht die leeren Worthülsen und Träume.

Als offener Mensch mit feiner Wahrnehmungsfähigkeit und hoher Sensibilität führte mich mein Weg zum Schamanismus. Im Zusammenhang mit meiner schamanischen Ausbildung ging ich schnellen Schrittes auf die spirituellen Ebenen zu. Die spirituellen Ebenen befriedigten meine Sehnsucht und gaben mir das Gefühl von Heimkehr. Am liebsten wäre ich nur noch auf dieser Ebene. Meine Arbeit richtete sich in dieser Zeit immer mehr nach der spirituellen Ebene aus, ich wollte sie besonders gut machen und nicht scheitern und ich wollte »die Welt retten«.

Ich erlebte eine Phase spirituellen Hochmuts. Manchmal erwischte ich mich im Beurteilen und Werten der Menschen der unteren Ebene. In dieser Phase begegnete ich allerdings auch mehreren nicht vorhersehbaren intensiven Herausforderungen. Diese Herausforderungen, die mir beispielsweise sämtliche Kommunikationsmöglichkeiten mit anderen Menschen nahmen und nachhaltige Folgen hatten, ließen mich mit meinen Gedanken, Worten und Absichten etwas achtsamer und leiser werden. Mein Hochmut legte sich wieder.

Es geht wirklich nicht darum, besser zu sein und sein Ego auf oberen Ebenen zu befriedigen, sondern es geht um die eigene Wahrhaftigkeit. Das war mir eine Lehre.

Sich der Mitte zu nähern und aus der Mitte heraus die Entscheidungen zu treffen, ist ein Handeln nach der Intuition. Der Körper fühlt und spürt es aus dem Bauch heraus. Dazu brauchen wir allerdings einen entspannten Körper und ein sensibles Gespür, um uns dem Augenblick hinzugeben und uns von festen Vorstellungen und Mustern zu lösen. Erst dann bleiben wir flexibel und können auf jede Situation neu und zwanglos reagieren, ohne dabei zu urteilen und zu werten.

2. Entscheidungsfreiheit

Den Weg, den ich für mich wähle, wähle ich aus meiner freien Willensentscheidung heraus. Dieser freie Wille kommt aus dem Bauchgefühl. Niemanden kann ich dafür verantwortlich machen. So habe ich stets die Wahl, mich nach meiner Intuition zu richten und mich für mein Leben zu entscheiden oder als Opfer meinen Trieben, Ängsten und Gewohnheiten zu folgen. Treffe ich eine freie Willensentscheidung, trage ich aber auch die Konsequenzen und die Verantwortung für meine Entscheidung. Die Folgen können auf dem intuitiven Weg Prüfungen und Herausforderungen nach sich ziehen und an den Kraftreserven zehren, die mich in meiner Entscheidungsfähigkeit und meinem Durchhaltevermögen immer wieder fordern und mein spirituelles Wachsen unterstützen.

Oft bin ich mir zum Zeitpunkt der jeweiligen Prüfung der Sinnhaftigkeit dieser nicht gleich bewusst, weil mein kleiner Geist die großen Zusammenhänge nicht erkennt und nicht begreift, was einem größeren Wohl dient. Erst einige Zeit nach der eigenen Erfahrung setzt ein Verstehen ein und Bewusstwerden, manchmal verbunden mit einem Neubewerten und Neuausrichten. Manchmal passieren dabei Fehler und Irrwege für den kleinen Geist, aber stets stehen sie im Interesse eines höheren Geistes. Diese mentale Ausrichtung, dass mir das Leben nichts wegnimmt, sondern ich persönlich bereit bin, etwas noch viel Größeres zu empfangen, gibt mir ein ständiges Gefühl des Wachsens und Reifens an den jeweiligen Umständen und Gegebenheiten und lässt mich die Dinge in einem inneren Lernprozess betrachten.

Es ist immer ein Gefühl, sich mit den wandelnden Gegebenheiten jederzeit neu entscheiden zu dürfen, bei der Arbeit, in der Familie, im Freundeskreis. Mit dieser Ausrichtung ergeben sich immer wieder neue Möglichkeiten und Wege. Dieses Gefühl von ständiger Entscheidungsfreiheit lässt einen dynamischen Entwicklungsprozess entstehen.

In diesem Prozess des eigenen Wachsens und Reifens gewinne ich aber auch immer mehr Tiefe und Vertrauen in die Instinkte des Körpers und die Instinkte des Herzens und erschaffe mein Leben immer mehr zu meinen Gunsten mit noch mehr Leidenschaft, mehr Präsenz und mehr Lebensfreude. Es entsteht ein selbsterschaffenes Leben, das von innen nach außen wächst und im Außen immer mehr sichtbar und spürbar wird, so dass der gegangene Lebensweg den Anschein erweckt, ständig Glück im Leben zu haben. Tatsächlich ist es aber die eigene Fähigkeit, zu jeder Zeit in sich hineinzuhorchen und zu spüren, was in diesem Moment stimmig für mich ist. Sich immer wieder in der eigenen Mitte zu spüren, lässt auch persönliche Entscheidungen aus der Mitte kommen und damit auch die Resonanz für bestimmte Situationen und Menschen.

3. Schritt für Schritt

Folge ich meiner Inspiration aus meinem eigenen Körpergefühl heraus, werde ich Schritt für Schritt auf meinen eigenen Weg geführt. Belohnt werde ich mit den vielen kleinen Erfolgen zwischendurch, die mich schließlich einem größeren Ziel näherbringen. Dieses geduldige und schrittweise Gehen mit dem eigenen Körper ist vergleichbar mit der schrittweisen Wandlung in der Natur: das Vorbereiten des Bodens für die Saat, das Einsäen und Austreiben der Saat in der Dunkelheit des Bodens, das Durchbrechen und Wachsen der ersten Keimblätter an das Tageslicht, das stetige Wachsen der Jungpflanze bis zum Zeitpunkt ihrer vollen Blüte, das Reifen und Loslassen der Früchte, das Welken und Loslassen der äußeren körperlichen Hüllen und schließlich der Rückzug in die Dunkelheit und das Vorbereiten auf einen neuen Zyklus. Und so wie die Natur draußen lässt auch die Natur in uns nur ein schrittweises Wachsen und Reifen zu. Wir legen jetzt den Samen für etwas, was wir vielleicht in zehn Jahren ernten werden. Um in zehn Jahren eine erfolgreiche Ernte zu haben, bedarf es schon jetzt eines gut vorbereiteten Nährbodens beziehungsweise einer guten körperlichen Ausgangsbasis. Diese körperliche Basis bietet eine stabile Grundlage und ein festes Fundament, welches unabhängig von Wetter- beziehungsweise Gefühlslage außen und innen Sicherheit und Halt gibt.

4. Sich öffnen und empfangen

Eine gute körperliche Basis bietet außerdem Struktur und Erdung, um sich aus dieser sicheren Verbundenheit für andere Energiequalitäten zu öffnen. In der Fähigkeit, sich zu öffnen und zu empfangen, verbirgt sich ein Staunen vor dem Geheimnisvollen und Besonderen, das der ganzen Schöpfung innewohnt. Dabei können sowohl die Menschen, die Tier-, Pflanzen- und Steinwesen als auch die Elemente und die Himmelsrichtungen Lehrer und Begleiter sein und Botschaften ihres Daseins vermitteln.

Jeder fühlende und wahrnehmende Kontakt mit einem anderen Wesen oder einer Energiequalität lässt mich von ihnen lernen und vermittelt mir ein Detail von meinem höheren Ich. So wie das Wasser-Element mich beispielsweise das Unabhängig-Sein von äußeren Umständen lehrt, zeigt mir das Wesen der Eiche Lebenskraft, Stärke und Dynamik. In dem Vertrauen, jeder Begegnung und jedem Kontakt, sowohl den freudigen als auch den leidigen, einen höheren Sinn zu geben, lässt mich an jeder neuen Schwierigkeit lernen und in jeder Herausforderung neue Erkenntnisse und Chancen entdecken.

Niemand kann mir etwas geben, was ich nicht schon besitze. Andere Wesen drücken mir nur den Schlüssel zu meinen eigenen inneren Reichtümern in die Hand. Das tun auch Freunde wie auch Feinde, wobei die Feinde in Wirklichkeit die echten Lehrer und Schüler sind. In dieser energetisch liebevollen Verbundenheit mit allen Wesen fällt vielleicht auch das Verzeihen – sich selbst und anderen Menschen – leichter. Denn am Ende müssen wir alle alles loslassen und sind wir miteinander vereint.

5. Der gegenwärtige Augenblick

Das Loslassen alter Glaubenssätze und Verhaltensweisen aus der Vergangenheit sowie das Loslassen von Erwartungen und Vorstellungen für die Zukunft geben dem gegenwärtigen Augenblick immer mehr

Energie und Aufmerksamkeit. Befreien wir uns von allem Überflüssigen, vertrauen und lauschen wir wieder, bekommen wir Klarheit, Einfachheit und inneren Frieden. Es ist der gegenwärtige Augenblick, der uns wichtige Impulse, Botschaften und Begleitung für den persönlichen Weg zur Wahrhaftigkeit und Natürlichkeit gibt.

6. Echtheit

Wahrhaftigkeit zu leben, ist verbunden mit Mut und Offenheit. Es bedeutet, den Körper, die Gefühle und die Gedanken zu akzeptieren, zu den Schwächen zu stehen und die Stärken zu fördern und dabei weder gut noch schlecht sein zu wollen, sondern einfach nur echt und natürlich. Es bedeutet, das Beste von sich zum Ausdruck zu bringen und zu sagen: »So bin ich, ob es euch nun gefällt oder nicht.«

7. Gedanken lenken die Energie

Immer wieder sind es dabei die Gedanken, die die Energie lenken. Ein positiv ausgerichtetes Unterbewusstsein zieht ähnliche Ereignisse und Menschen an. So ist zu empfehlen, sich der eigenen Gedanken immer wieder bewusst zu werden und das persönlich anvisierte Ziel vor dem geistigen Auge klar zu fokussieren. Gedanklich erschaffe ich das Leben nach meinen Vorstellungen und Wünschen und werde zu dem, was ich denke. (Umgekehrt werden derzeit durch die Raffinessen der Medien genau mit dieser Herangehensweise unzählige Menschen erfolgreich manipuliert und indoktriniert.)

8. Handeln

Oft gibt es unzählige Vorstellungen und Ideen, doch was letztendlich zählt, ist das gezielte sichtbare Handeln und Tun. Dafür brauchen wir eine klare Absicht, Engagement und Energie sowie den Mut, Risiken einzugehen oder persönliche Opfer zu bringen. Dies sind Eigenschaften, die die Trägheit und Ungeduld überwinden, um das eigene Lebensfeld aktiv selbst zu gestalten. Das Leben aktiv selbst zu gestalten, bedeutet, nicht zu warten, bis wir ganz sicher sind und uns jemand die Erlaubnis zum Handeln gibt. Es bedeutet, dass ich mein physisches Dasein auf der Erde akzeptiere, dass mir niemand das Leben abnimmt und es nur durch eigene Bemühungen stärker wird und dass das Handeln auch Unannehmlichkeiten und Herausforderungen mit sich bringt. Es lohnt sich, denn die aktive Lebenszeit ist begrenzt.

9. Rhythmen der Veränderung

Um einen Gedanken erfolgreich in die Tat umzusetzen, ist der richtige Zeitpunkt zu wählen. Alles geschieht in der Natur zu einem bestimmten Zeitpunkt: die Jahreszeiten, der abnehmende und der zunehmende Mond, der Wechsel von Tag und Nacht, Ebbe und Flut, Kommen und Gehen und so weiter. Für bestimmte Handlungen gibt es günstige und ungünstige Zeitpunkte, es gibt Zeiten, um Türen zu öffnen, und Zeiten, sie wieder zu schließen, Energien wachsen und wieder abnehmen zu lassen, zu sprechen und zu schweigen, zu handeln und nichts zu tun, zu arbeiten und auszuruhen…

Das Beständige ist die Veränderung, die zu ihrer Zeit und auf ihre Weise geschieht. Veränderungen können Fluch und Segen zugleich sein. Sie laden ein, das Vertraute loszulassen und sich auf Neues einzulassen. Dieses stetige Verändern lässt das Vertrauen, die Bewusstheit, die Weisheit und einen tiefen inneren Frieden entstehen, und die Gewissheit, dass es für alles einen richtigen Zeitpunkt gibt. Ideen, die beispielsweise im Frühling in Gang gesetzt werden, wenn die Energien im aufsteigenden Zyklus sind, bekommen im Sommer genügend Schwung und steuern mühelos auf ihre Vollendung im Herbst oder Winter zu. Andersrum natürlich genauso. Für die Wahl des richtigen Zeitpunkts ist allerdings viel Geduld, Beobachtung und Weisheit erforderlich. Manchmal lohnt es sich auch, auf einen neuen Zyklus zu warten, zum Beispiel wenn ein weiterer Zyklus im anderen Zusammenhang noch nicht beendet ist. Die Wahl des richtigen Zeitpunktes unterstützt den Fluss der Lebensenergie und bewahrt vor Energieverlusten und unnötigen Enttäuschungen.

Das stille Beobachten und Jagen

Das stille Beobachten ist eine wichtige Form der Energieökonomie, um nicht im unnötigen Widerstand oder mit dem Ärger über Dinge, die ich nicht beeinflussen kann, persönliche Energien zu vergeuden. Das stille Beobachten ist die Kunst des unsichtbaren versteckten Jagens, des Sich-Zurückhaltens, des Ausweichens und des Nachgebens. Es ist die Jagd der Frau nach Bewusstheit in der äußeren und inneren Natur, mit der Absicht, dem eigenen inneren Frieden und der persönlichen Suche nach der Lebensaufgabe ein Stückchen näher zu kommen. Dazu bedarf es einer guten Beobachtungsgabe und einer sich selbst zurücknehmenden Haltung in Demut – Eigenschaften, die dem Weiblichen sehr entgegenkommen.

Die Kunst des stillen Beobachtens ist, das Wahrgenommene und Beobachtete bei sich selbst und bei den anderen nicht zu kritisieren und anderen keine Ratschläge zu geben, sondern für sich persönlich das Nützliche herauszufinden, ohne dass der andere davon etwas merkt. Das bringt einen persönlichen Energiegewinn für die Frau. Dort, wo die Frau kritisiert und Ratschläge gibt, wird sie nicht gestärkt. Auf der Jagd nach Bewusstheit ist es die Ausrichtung auf die Stärken und nicht auf den Mangel.

Beim stillen Beobachten und Jagen gehen die Türen von selbst auf; sobald sich eine Chance ergibt, wird diese genutzt. Diese Herangehensweise ermöglicht es der Frau, sich schrittweise, flexibel sowie unsichtbar an ihr anvisiertes Ziel anzuschleichen, ohne dabei in ständiger Verteidigung ihre Energie zu verlieren. »Unsichtbar zu sein« bedeutet, nicht angreifbar zu sein. So kann die Frau ihre eigene weibliche Existenz in ihrem Tempo entdecken und ein eigenes Lebensnetz unter ihren Bedingungen weben. Agustin Chaman de Armenteras, ein Schamane aus Mexiko, nennt diese Vorgehensweise »das Pirschen«, eine Methode der Schamanen, um das Eigene in sich selbst zu nähren. Er nennt dazu *sieben wichtige Prinzipien*:

Das *erste Prinzip* des Pirschens heißt, dass die Frau ihr »Schlachtfeld« selbst wählt. Sie kennt sich im Gelände des energetischen Feldes aus und geht in das »Schlachtfeld« nur mit begleitender Unterstützung und selbst ausgewählter Hilfe. Das kann beispielsweise die energetische Verbindung mit einem Pflanzen-, Tier- oder Steinwesen, einer Farbe oder vielem anderen sein.

Das *zweite Prinzip* heißt, alles Unnötige auf dem Schlachtfeld beiseitezulassen. Das bedeutet auch, die triumphierenden Seiten der Frau für die anderen nicht immer sichtbar zu machen, denn viele Menschen wollen nicht, dass die Frau glücklich ist und persönliche Kraft hat. Zudem erkennen viele Frauen in den Erfolgen der anderen ihr eigenes Versagen. Auf dem »Schlachtfeld« wird gekämpft, die anderen Seiten werden woanders gezeigt und gelebt.

Das *dritte Prinzip* der Kunst des Pirschens bedeutet, mit Klarheit, Entschlossenheit und Willenskraft auf das »Schlachtfeld« hinauszugehen. In jeder Schlacht geht es um Leben und Tod. Entscheide ich mich, in die Schlacht zu gehen, weiß die Frau, wo ihr »Schlachtfeld« ist. Sie tut es nicht aus Verrücktheit heraus.

Das *vierte Prinzip* sieht vor, sich nach der Schlacht zu erholen und sich im Loslassen der Anspannung von höheren Kräften leiten zulassen.

Sich dabei zurückzuziehen, den Gedanken freien Lauf zu lassen, sich um andere Dinge zu kümmern und sich nicht von der Strömung der Masse mitreißen zu lassen, bringt das *fünfte Prinzip* zum Ausdruck.

Das *sechste Prinzip* besagt, die Zeit zu verdichten, das heißt, keinen einzigen Augenblick zu verschwenden, denn alles zählt, um dem persönlichen Triumph näher zu kommen.

Dabei verrät die Frau nie ihre Strategie, das *siebente Prinzip* der Kunst des Pirschens.

Die Kunst des stillen Beobachtens und Jagens ist überlebensnotwenig für eine Frau, die den befreienden Weg wahrhaftig für sich und die Menschheit geht. Denn draußen ist die Welt laut und ungerecht. Agustin spricht energetisch vom Gesetz des Urwaldes: der Stärkere gewinnt, der Schwächere verliert. Die Welt ist gefüllt von Mysterien. Es kann immer wieder anders kommen. Niemand wird dir etwas schenken, alles musst du anstrengend erarbeiten. Und ob du es schaffst, das

Geheimnisvolle und Verborgene in diesem Leben zu entschlüsseln, ist jetzt noch unklar. Wichtig ist jedoch, den eigenen Platz im Mysterium einzunehmen und es zu versuchen – und von der eigenen Mitte ausgehend, immer wieder ein neues Netz zu weben.

Das eigene Netz weben

Was bedeutet es, ein eigenes Netz zu weben? Es bedeutet, den Platz im Mysterium einzunehmen, der für dich bestimmt ist. Es ist jener Platz, an dem du aus der Quelle schöpfend die Kraft aus deiner eigenen Tiefe und den Tiefen des weiblichen Mysteriums heraufholst, um gut genährt zu werden. Um mit einem fruchtbaren Nährboden den zündenden Funken der Inspiration und der bedingungslosen Liebe des Herzens zu empfangen und im Verschmelzungsakt beider Energien etwas aus sich selbst heraus zu gebären.

Symbolisch ist es die Spinne in der Mitte des Netzes, die aus ihrer eigenen Substanz ihr eigenes Netz in der Dunkelheit und der Feuchtigkeit webt. Über das gewebte Netz lässt sie ihren Wirkungsbereich größer werden, knüpft Beziehungen und Verbindungen mit Wesen, mit denen sie persönlich in Kontakt gehen möchte, manchmal sogar in erstaunlicher Entfernung. Über diese Kontakte kommen neue Impulse zu ihr, Impulse, die sie von außen nähren und wachsen lassen. Sie verwandelt diese äußeren Impulse in nutzbare eigene Impulse. So ist Wachstum für sie möglich, indem sie ihren eigenen Wirkungsbereich immer weiter ausdehnt.

Und genauso wie die Spinne in ihrem Netz können wir im stillen Beobachten und Jagen nach Bewusstheit Energien im Austausch mit anderen Menschen gewinnen. Das setzt jedoch voraus, in der Begegnung mit anderen Wesen die Achtung und die Wertschätzung des anderen zu bewahren, um ihr Potential zu erkennen und nicht den Mangel zu sehen; und in dieser Haltung des Wertschätzens in jeder Begegnung etwas an persönlicher Bewusstheit zu gewinnen. So kann dieses Netz für eine bestimmte Zeit des Daseins zu einem tragfähigen Netzwerk werden.

Unter dem Blickwinkel der sich stetig wandelnden Prozesse des Weiblichen wird auch dieses Netz zu gegebener Zeit wieder zerstört, denn dem Weiblichen entsprechen der wechselnde und wandelnde Charakter und damit das Geborenwerden, das Leben und das Sterben sowie die wiederkehrende schöpferische Neuentstehung. Und so kann das alte Netz der Vergangenheit immer wieder gelöst werden, um freien Willens ein neues Netzwerk mit neuen Verbindungen entstehen zu lassen, ein Netzwerk, das weitere persönliche Wachstumschancen ermöglicht. Wechsel, Wandel und schöpferisches Neuentstehen sowie Spontaneität gehören deshalb zu ihrem Wesen.

Literaturverzeichnis

Cooper, J. C., *Lexikon der traditionellen Symbole,* Drei Lilien, 1986

Denison, Isa, *Der göttliche Code,* Band 1, Odisis-Verlag, 2004

Konfuzius *Lun Yu II 1, Denison*

Laotse, *Tao-te-king,* St. John's Univ. Press, New York 1962

Laotse, *Tao-Te King,* Bearbeitung von Gia-Fu Feng und Jane Englisch, Hugendubel, 1991

Lorenzen, Udo, *Mikrokosmische Landschaften,* Verlag Müller & Steinicke, München, 2007

Lorenzen, Udo, Noll, Andreas, *Die Wandlungsphasen der traditionellen chinesischen Medizin,* Müller & Steinicke München, 2007, Zitat Konfuzius Lun Yu II 1

Men, Hunbatz, *Das geheime Wissen der Maya,* Aurum, 2000

Men, Hunbatz, *Die heilige Kultur der Maya,* Amra, 2011

Millman, Dan, *Universellen Lebensgesetze des friedvollen Kriegers,* Heyne, 2005

Nah Kin, *Lebe die Göttin in dir – Das Erwachen der Weiblichkeit im neuen Zeitalter,* Koha-Verlag, 2010

Neumann, Erich, *Die große Mutter, Walter-Verlag,* 1989

Neumann, Erich, »Über den Mond und das matriarchale Bewusstsein«, in: *Zur Psychologie des Weiblichen,* 2008

Perera, Sylvia, *Der Weg zur Göttin der Tiefe,* Ansata, Interlaken 1985

Pröll, Gabriele, *Die »glückliche« Gebärmutter: Innere Bilder – selbstheilende Kraft bei Unterbauchbeschwerden,* Diametri C, 2014

Ruland, Jeanne, *Krafttiere begleiten dein Leben,* Schirner, 2004

Storm, Theodor, *Die Regentrude,* München, 1978

Sun Bear, *Das Medizinrad Praxisbuch,* Goldmann, 1991

Huang Di Nei Jing Su Wen Yi Jie (Klassiker des gelben Kaisers zur inneren Medizin: grundlegende Fragen, übersetzt und erläutert); verschiedene Autoren, ca. 300-100 v. Chr.; Ausgabe Taipei 1976

Walker, Barbara G. ,*Das geheime Wissen der Frauen,* 1983

Whitmont, Edward C., *Die Rückkehr der Göttin,* 1993

Wilhelm, R., *I Ging, Verlag atmosphären 2004*

Woodroffe, John Sir, *Shakti und Shakta –Lehre und Ritual des Tantra-Shastra,* Barth, Bern 1987

Zhuang Zi (das Buch Zhuang Zi), Taipei, ohne Jahresangabe, Kap.7

Quellenangaben

1 Laotse, 1962, Vers 6
2 Men, 2000, S. 106
3 Men, 2011, S. 53
4 Isa Denison, S. 14
5 Nah Kin, 2010, S. 120
6 Men, 2011, S. 113
7 ebenda, S. 104
8 Sun Bear, 1991, S. 148
9 ebenda S. 295
10 Neumann, 1989, S. 280
11 ebenda, S. 300
12 Cooper, 1986
13 Ruland, 2004, S. 322
14 Neumann, 1989, S. 222
15 ebenda, S. 197
16 ebenda
17 Men, 2011, S. 57
18 Neumann, 2008, S. 60
19 ebenda, S. 69
20 Neumann, 1989, S. 229
21 ebenda, S. 191
22 Cooper, 1986
23 Whitmont, 1993, S. 156
24 Perera, 1985, S. 11-49
25 Zhuangzi, Kap. 7
26 Laotse, Vers 43
27 Laotse, Vers 78
28 Wilhelm, »I Ging«, S. 204ff
29 Laotse, Vers 76
30 Storm, 1978
31 Pröll, 2004, S. 38
32 Walker, 1983, S. 1028
33 ebenda
34 Su Wen, Kapitel 26
35 Laotse, Vers 6
36 Woodroffe, 1987, S. 54
37 Su Wen, Kap. 1
38 Laotse, 1991
39 Lorenzen, 2007, S. 30
40 Konfuzius, S. 8

Bildnachweis

Seite 3: Schlangenfrau, Detail des Steines von Ormhäxan, Gotland, Schweden (jetzt im Fornsalen Museum, Visby). (Berig/Wikimedia Commons).
Seite 28 oben: nach Men 2011, S. 62
Seite 28 unten: nach Men 2011, S. 63
Seite 29: *Kodex Vindolonesis*, in: Men 2000, S. 97
Seite 31: Neumann 1989, S. 183
Seite 39: Fragment eines Reliefs aus: Diane Wolkstein/Samuel Kramer: *Inanna*, Harper & Row, New York 1983, S. II
Seite 40: Radierung nach einem Gemälde von Oluf Olufsen Bagge (1780-1836), aus: Neumann 1989, S. 237

Danke

Über zwanzig Jahre bin ich mit mir und meinen inneren Prozessen beschäftigt. Viele Lehrer haben mich in dieser Zeit begleitet, Theorien und Methoden gelehrt und Erkenntnisse gewinnen lassen. Über Jahre verinnerlichte ich diszipliniert und fleißig all diese Erkenntnisse leiblich, einige sortierte ich nach einiger Zeit aus, auf anderen baute ich auf. Es war ein mit mir wachsender Prozess der Bewusstwerdung, der zudem das Vertrauen in meine eigene Wahrnehmungsfähigkeit immer mehr nährte.

Den Mut und die Entschlossenheit, dieses Potential als Schatz anzunehmen und in diesem Leben zu triumphieren, bekam ich allerdings erst durch die Begegnung mit Agustin, meinem schamanischen Lehrer. Er erklärte mir meine Sehnsucht, beantwortete meine tiefsten Fragen, begleitete mich in meinen Träumen und den schamanischen Reisen, öffnete neue Türen der Erkenntnis und ließ mich wachsen. Herzlichen Dank Agustin!

Danken möchte ich auch allen Wesen und Elementen der Natur, die sich mir innen und außen zeigten und mir immer wieder begegneten und mich auf ihre Weise geistig inspiriert haben. Ich folgte dieser Inspiration.

Ein Dankeschön möchte ich auch an die geistige Inspiration von Fred Hageneder geben. Er machte mich auf die Mondgöttin aufmerksam.

Danken möchte ich auch allen Frauen und Männern aus den Qigong- und Fastenkursen sowie aus der Heilpraktiker-Praxis für die inspirierenden Gespräche und den nährenden Austausch.

Ein besonderer Dank gilt meinem Mann Thomas, der mich so lässt, wie ich bin, und mit seiner Klarheit und Ehrlichkeit ein geschütztes Feld aufgebaut hat.

Danken möchte ich unseren gemeinsamen Töchtern Jasmin und Miriam, die in ihrem Sein einfach schön sind.

Ein großer Dank geht an meine Eltern Brigitte und Hans Stövhase, die immer wieder in liebevoller und offener Weise das ganze System nähren und mittragen.

Über die Autorin

Beginnend mit der Tätigkeit als Gymnasiallehrerin für Sport und Biologie, begleitet von langjähriger aktiver sportlicher Bewegung und mentaler Disziplinierung führte mein Lebensweg zu den meditativen inneren Bewegungen im Qigong. Ein jahrelanges fleißiges Üben verfeinerte meine Wahrnehmungsfähigkeit und meine Sensibilität. Durch eine regelmäßige Zeit des Fastens und Reinigens entstand immer mehr Klarheit für meinen eigenen Weg, es war der Weg zur Heilpraktikerin. Diese leiblichen Selbsterfahrungen und meine innere Sehnsucht inspirierten mich, zunächst mich selbst und schließlich auch die anderen Menschen in größeren energetischen Zusammenhängen zwischen körperlicher, emotionaler, mentaler und spiritueller Ebene zu betrachten. Die Methoden der Traditionellen Chinesischen Medizin, der Klassischen Homöopathie und der Psycho-Kinesiologie sind dabei unterstützendes Handwerkszeug. Meine Aufgabe ist es geworden, Menschen auf dem Weg der Bewusstwerdung zu begleiten, ihre Energien aufzubauen, ihre Sensibilität und Wahrnehmungsfähigkeit durch energetische Übungen und meditative Erfahrungen zu verfeinern sowie mittels Entgiftungs- und Fastenkuren zu reinigen. Mit Hilfe der Natur, ihren Wesen, ihren Elementen und ihrer Rhythmik begleite ich Menschen auf ihrem Weg der inneren Wandlung und Heilung. Mein erstes Buch beim Neue Erde Verlag »Gelebte Weiblichkeit. Befreiung der Schlangenkraft« macht dazu das verborgene Wissen über den weiblichen Wandlungs-und Wachstumscharakter sichtbar und rückt die Kraft der Schlange als Schlüsselfigur eines weibliches Weltbildes in den Vordergrund.

Seminarangebote

»BeWEGungen zum SEIN«

Dorit Stövhase-Klaunig und Helga Mossbauer geben Seminare zu folgenden Themen.

Die aktuellen Termine findest du unter www.dorit-stoevhase.de, oder du sendest eine Mail an DoritStoevhase@aol.com

»Die Königin im eigenen Reich« Die Geschichte einer großen alten und neuen Königin

Den Spuren eines Märchens folgend, lädt dieses Seminar Dich ein, Dich mit Deiner eigenen Lebenskraft und der Lebensenergie der Schöpfung zu verbinden. Die gewählten Übungen, Tänze, Rituale und Landschaften mit ihren Tier-, Stein- und Pflanzenwesen unterstützen Dich auf Deinem persönlichen Weg, Die Königin im eigenen Reich zu werden.

»Der Tanz der Spinne – Die Weberin des goldenen Fadens«

Mit meditativen sinnlichen Körperübungen, frei tanzenden Bewegungen sowie den Schätzen der Natur bietet dieses Seminar Gelegenheit, die Beziehung zu Dir selbst als Frau zu sensibilisieren und das eigene Lebensnetz zu weben.

»Der Weg zur Quelle«

Geführt durch die Landschaft des Pinnower Sees und begleitet von Achtsamkeit und Feingefühl für den eigenen Weg erfährst Du Übergangssituationen, Lichtblicke und unterstützende Hilfe auf dem persönlichen Weg zur Quelle.

»Höchst sensibel«

Eine hohe Sensibilität kann ein großes Potential sein, das persönliche Bewusstwerden zu unterstützen. Um dieses Potential zu bewahren, möchten wir Dich mit energetischen Übungen begleiten, um unterschiedliche Energiequalitäten bewusst zu machen sowie eigene nährende und reinigende Prozesse zu unterstützen.

Verschüttetes freilegen – Abgeschnittenes wieder mit uns verbinden
Es ist ein Befreiungsweg, der sich eröffnet, wenn wir das Verdrängte, das Unterdrückte, das Abgetrennte, das Ausgeplünderte, das Abgeschnittene und Nichtgelebte in uns freischaufeln und ausgraben, damit wir uns der eigenen intuitiven weiblichen Kraft und Energie öffnen können. Es ist ein Weg, der auf allen Ebenen unseres Daseins befreiende Auswirkungen hat.

Dorit Stövhase-Klaunig
Gelebte Weiblichkeit
Befreiung der Schlangenkraft
Paperback, 160 Seiten
ISBN 978-3-89060-660-6

Die geführten Meditationen zu den Elementen Wasser, Feuer, Erde, Luft sind auf einer DVD hörbar und sichtbar.

Diese DVD ist unter www.dorit-stoevhase.de erhältlich.

Dialog mit den Bildern der Innenwelt

Die Arbeit mit inneren Bildern, auch Tiefenimagination genannt, ist ein kraftvolles Werkzeug, um uns mit unserer eigenen Weisheit zu verbinden und die Sprache unserer Seele und unseres tiefsten Wissens zu verstehen. Dieses praktische Arbeitsbuch ist ein Wegbereiter und -begleiter, der uns den Reichtum und die heilende Kraft unserer Innenwelt zugänglich macht.

Jenny Garrison
Innere Bilder
Die Kraft der Tiefenimagination
Paperback, 192 Seiten, Arbeitsposter Din A3
ISBN 978-3-89060-673-6

Verbotene Liebe im Himalaya

Mit 35 bricht Tiziana Stupia alle Brücken hinter sich ab, um die Welt zu bereisen und ihre Bestimmung und den Mann ihres Lebens zu finden. Sie folgt einem inneren Ruf und reist nach Indien. Die Reise scheint mit einer Enttäuschung zu enden, doch gerade als sie nach Hause zurückkehren will, begegnet sie ihrem Traummann – doch leider ist er ein enthaltsamer Mönch! Dies ist die Geschichte ihres Zusammentreffens: Die Liebe wird zum Drama, welches aber schließlich zu Transformation und Heilung führt.

Ein außergewöhnliches Buch von einer außergewöhnlichen Frau.

Tiziana Stupia
Meeting Shiva
Mein Weg von der Liebe ins Erwachen
Paperback, 304 Seiten, 140 x 208 mm
ISBN 978-3-89060-669-9

Feste feiern – ein Weg der Heilung

Dieses Buch ist die Frucht über viele Jahre regelmäßig in Gruppen gefeierter Feste. Im ersten Teil geht es um den Jahreslauf, die Entstehung der Jahreszeiten und wie alles zusammenhängt. Der zweite Teil »Werkzeugkasten« will ein Grundverständnis für magische Feste eröffnen. Der dritte Teil ist den acht Jahreszeitenfesten gewidmet. Die Autorin geht zunächst auf die jeweiligen Themenkreise eines Festes und auf den kulturgeschichtlichen Hintergrund ein. Daran schließen sich praktische Anregungen an.

Eva Windele
Jahreszeiten, Magie, Heilung
Paperback, 240 Seiten
ISBN 978-3-89060-274-5

Surfen im kosmischen Lebensnetz

»Das Wahre war schon längst gefunden...« Das hermetische Wissen, nach dem unser Gehirn ein Abbild des Kosmos und der Kosmos ein Abbild unseres Gehirns ist, dass alles zusammenhängt in einem gigantischen Netz oder Gewebe des Lebens, findet in diesem Buch einen zeitgemäßen Ausdruck. Der Autor Pascal K'in Greub hat bei Mayameistern gelernt und herausgefunden, dass die Wissenschaft das schamanische Weltbild bestätigen kann. Vor dem Hintergrund seiner persönlichen Erfahrungen gibt er uns unterhaltsam und spannend Einblicke in die verschiedenen Dimensionen der »Lattice«, dieses »Kosmischen Mutternetzes«, und lädt die LeserInnen anhand praktischer Übungen ein, sie auch zu erfahren, zu erfühlen. Kopf-Wissen wird so zu Herz-Wissen.

Pascal K´in Greub
Lattice Surfing
Kosmisches Lebensnetz, Drachenkraft und die kommende Herzzeit
Paperback, 336 Seiten, zahlreiche Abbildungen, 16 Farbtafeln
ISBN 978-3-89060-635-4

Die Stimme der Intuition hören und verstehen

Das Leben ist ein Wunder und hält so vieles für uns bereit, was wir uns nicht vorstellen können und deshalb auch nicht erwarten. Damit wir im Fluss des Lebens navigieren können, brauchen wir einen Kompass, und das ist unsere Intuition. Sie verbindet uns mit den Unterströmungen unseres Schicksals und unserem Lebenssinn.

Intuition spricht eine eigene Sprache, die wir heute – intellektuell übergebildet, wie wir sind – neu lernen müssen. Dazu dient das 21-Tage-Programm, das alle Aspekte eines intuitiven, allverbundenen Lebens durchläuft. Im ersten Teil des Buches werden die Themen auf unterhaltsame und auch für Einsteiger gut verständliche Art behandelt, und im zweiten Teil gibt es dann zu jedem dieser Themen die angeleiteten Übungen.

Diana Dawn Kavian
Erwarte das Unerwartete
In 21 Tagen zur eigenen Intuition
Paperback, 240 Seiten, mit mp3-CD
ISBN 978-3-89060-639-2

Zu einem umfassenden Erleben von Sexualität

Was ist eine ursprüngliche Sexualität? Wie tief kann Sexualität zwei Menschen berühren und sie auch mit der Erde und allem Sein verbinden? Und was hat Sexualität mit Ökologie zu tun? Welche Rolle spielt sie bei unserer Suche danach, wieder im Einklang mit der Natur zu leben? Ohne ein Feigenblatt vor den Mund zu nehmen, geht die Autorin in ungewöhnlicher Konsequenz diesen Fragen nach. Dabei eröffnet sie uns unvoreingenommene Blicke ins Tierreich, in die alten Hochkulturen und das Leben gegenwärtiger Stammesvölker. Ergänzt wird dieser Essay durch Ansatzpunkte, wie dieses uralte Wissen unser heutiges (Sex-) Leben bereichern kann.

Dolores LaChapelle, Hrsg. Andreas Lentz
Sexualität – Der vergessene Schlüssel zur Versöhnung von Mensch und Erde
Paperback, 128 Seiten
ISBN 978-3-89060-587-6

Sie finden unsere Bücher in Ihrer Buchhandlung
oder im Internet unter www.neue-erde.de

Im deutschen Buchhandel gibt es mancherorts Lieferschwierigkeiten bei den Büchern von NEUE ERDE. Dann wird Ihnen gesagt, dieses oder jenes Buch sei vergriffen. Oft ist das gar nicht der Fall, sondern in der Buchhandlung wird nur im Katalog des Großhändlers nachgeschaut. Der führt aber allenfalls 50% aller lieferbaren Bücher.

Deshalb: Lassen Sie immer im VLB (Verzeichnis lieferbarer Bücher) nachsehen, im Internet unter **www.buchhandel.de**

Alle lieferbaren Titel des Verlags sind für den Buchhandel verfügbar.

Bitte fordern Sie unser Gesamtverzeichnis an unter

NEUE ERDE GmbH
Cecilienstr. 29 · 66111 Saarbrücken
Fax: 0681 390 41 02 · info@neue-erde.de